木原　淳 著
Kihara Jun

入門
法学読本
Introduction to Legal Studies

晃洋書房

待するところでもあろうとの判断からである。

そこで読者は本書と共に、六法全書も開き、こんな法律、あんな法律もあるのか、と様々な法律条文を眺め、読み、具体的な法令と条文にまずは親しんでもらいたいと思っている。ついでに言うと、法を学ぶ上で重要な心構えとして、六法全書は、外国語の勉強で使う辞書に相当するものではない、という認識は重要である。外国語の辞書は、単語や熟語の意味が分からないときにだけ開く、副次的な利用でも許されるだろうけれども、法律学では条文が主であり、教科書は、条文を理解するための補助教材、というくらいの心構えが、まずは必要である。外国語学習での辞書に相当するのは、むしろ法律学用語辞典である。

むろん法や法学は決して条文に尽きるものではなく、長い歴史の中で積み重ねられてきた議論や法的思考を学ぶ必要がある。そうした営みの成果の一つとして、わが日本も採用する近代市民法の体系がある。第Ⅱ部では近代市民法のアウトラインや考え方を知り、今後の実定法科目の勉強への導きとなることを想定している。

法の概念や理念について説明した第Ⅲ部については、最後に回したのをいいことに、入門レベルの話をやや逸脱した部分も多くなってしまったので、初学者の段階でこの部分を完全に理解することにこだわる必要はない。しかしこの議論から、法とは人間社会にとって、一体どのような存在なのか、という基礎法学への関心をもってもらえれば何よりであるし、基礎法学に興味をもたない人も、実定法学の背後にはこのような議論が存在し、個々の実定法や法秩序の形成にも影響を与えているのだということを感じていただければ幸いである。

これから本格的に法律学の諸科目を学ぶ入門者に対し、教師が伝えたいと思う知識はたくさんあるが、それを取捨選択するのは、なかなか難しい問題である。本書は類書ではあまり扱われなかった事項の説明も多くなり、それはそれとして意義あるものと信じているが、類書で当然に説明されていることが割愛されている部分もある。その点については、巻末の参考書案内や各科目の講義で補い、学んでいただければと思う。本書のタイトルを「法学入門」や「法学概論」ではなく、「入門 法学読本」としたのにはこうした事情もある。

本書の執筆に際しては菅原由香氏（日本文化大学教授）、玄哲浩氏（関西大学講師）から参考となる意見や重要なご指摘をいただいた。また晃洋書房営業部の高砂年樹氏には、本書の企画をご快諾いただき、編集部山本博子氏には執筆の計画から完成まで、何かと相談に乗っていただき、お世話になった。感謝してお礼申し上げる。

二〇二一（令和三）年二月二〇日

著　者

目次

序　章　法と社会とのかかわり

1. 日常生活と法

(1) 法とは何か

大学には多くの学部学科があり、学生はそれぞれの専門分野で自分の専攻した学問を学ぶが、その中の一つとして「法学」があり、入門科目や一般教養科目として「法学入門」やそれに類する名称の科目が設置されることが多い。そこで最初に出てくる疑問は、なぜ法を学ぶ必要があるのか、ということだろう。

一般的な法学入門の教科書では通常、最初に「法の概念」という項目が置かれ、「法とは何か」という問いから始まることが多い。法は社会規範の一つである、といった説明から始まり、法と道徳の関係、法と強制の関係などが説明されるが、どの説明にも必ず例外があり、最終的には、法を完全に定義することは困難であるといった形で明確な結論も示されずに終わってしまうことが多い。これは仕方のないことではあるが、法学の初学者としては、学び始めた最初の章から何が何だか分からない状態に置かれてしまう。

この問いに対しては率直に、法とは、法律であり、法律といえば、六法全書に書かれている条文のことだ、それ以上に一体何を説明する必要があるのか、という答えが出されるかもしれない（この回答は、私自身が学び初めの頃、感じたことである）。この回答は、答えとしてはまったく不十分ではあるのだが、完全な誤りというわけでもない。しかしそれよりも多くの人にとって関心を惹くのは、そもそもなぜ法を学ぶ必要があるのか、との疑問だろう。「法とは何か」という問いはかなり哲学的な内容も含むもので、初学者に対して法の概念から話を始めるのは余りに抽象的である。そうした配慮もあって、本書では「法の概念」については最後の方に回すことにする。

(2) 生活空間を支える法

さて、なぜ法を学ぶ必要があるのか、という問いに対しては次のように回答できるだろう。現代の私たちは、法についての知識があろうとなかろうと、そこから逃れることはできない環境の中に生活していること、また私たちの生活する社会のしくみや人生を歩んでいく上で、法に関する知識は不可欠だから、というものである。法は、目には直接見えないが、私たちの周囲を取り巻き、現代生活を支える電波に例えられることが多い。テレビやラジオ、携帯電話、Wi-Fiなど、私たちは日々、電波に取り囲まれ、電波の恩恵を受けている。法もまた、直接目には見えない（六法全書に書かれてある条文は目で見ることができるが、条文は法の一部であり、法そのものではない）ものだが、集団生活を営む私たち人間の日常生活を根底で支えている。

法なくして医療制度も存在しない

具体的な例を出してこのことを説明してみよう。私たちは病気になったとき、病院で医師の診察を受け、薬を処方してもらう。医師のおこなう診察行為や施術は、即物的に言えば、他人に衣服を脱ぐように求め、体に触れ、場合によっては刃物で肉体を切る行為である。これらの行為は身体に対する侵襲行為といわれるもので、本来は、刑法によって禁止されている行為である。では医師がこうした侵襲行為をおこなうことが、なぜ許されるのかといえば、これも別に法の規定が存在するからである。医師法（昭和二三年法律二〇一号）という法律は、医師になるための医学部の規定から国家試験、医師の登録までを規定している。「医師」の資格はこのルールによって公的に定められている。

これによって身体への侵襲行為であっても、医師による医療行為であれば、刑法上は正当業務行為（三五条）とされるものになり、違法な行為ではない。

もし医師法に該当する法がない、つまり公的な医療制度がなければどうなるか。それでも医師という職業は存在するだろうが、医療行為を許される人間と、許されない人間との境界はなくなり、医師としての必要な知識水準もバラバラになるだろう。また医師を、専門資格をもつ職業集団として公的に管理することもできず、国全体での医療水準の向上も望めなくなる。

医薬品を安心して使用できる背景にも法がある

薬に関しても、新たな薬を開発し、販売するには、長期間にわたる実験、治験を経て、安全性や効果が確認された薬のみが国の認可を得、はじめて医療の現場での処方が可能になる。こうした一連の流れを主に規律するのは薬事法（昭和三五年法律一四五号）や薬事法施行令であり、この法令によって私たちは薬の専門知識がなくても安心して処方された薬を服用できる。薬事法の規制を受けない健康食品等の分野では、非科学的な実験による誇張した効能がうたわれ、消費者被害が絶えないことを見ても、薬に対する法的な管理がきわめて重要であることが分かる。誇張した効能を謳う健康食品による被害を受けた場合、私たちは国民生活センターなどへ相談することができるが、この組織は、独立行政法人国民生活センター法（平成一四年法律一二三号）により規定されている。そこで食品表示法（平成二五年法律七〇号）、不当表示防止法（昭和三七年法律一三四号）等に違反する可能性が指摘されることだろう。

公務員組織も法なくして存在しない

とはいえ、日常での売買や取引では、誰でも信頼のおける相手を選択するから、実際にトラブルとなり、法律問題となるのはすべての法律行為のうちのごく一部にすぎない。だから法を縁遠いものと感じる人がいても不思議ではない。それでも万一の場合には、契約法や商取引上の基準にしたがい、問題は解決されるだろう、と通常私たちは漠然とそう信じている。窃盗や強盗、殺人の被害者にもならず、平穏に生活できているということは、治安が安定していることの現れだが、その背後には言うまでもなく、犯罪の抑止を目的として、刑罰で犯罪行為を威嚇している刑法がある。しかし刑法が有効に機能するには刑法があるだけでは不十分で、裁判所や警察組織の活動が必要である。こうした組織の活動は、警察法（昭和二九年法律一六二号）や警察官職務執行法（昭和二三年法律一三六号）や裁判所法（昭和二二年法律五九号）その他の法律がこれを支えている。さらに被疑者の捜査、取調べから、公判での最終的な判決までを規律する、刑事訴訟法（昭和二三年法律一三一号）等が存在する。

公務員である我が国の警察官や裁判官、また行政官が、一部の破綻国家のように、汚職まみれで、反社会的勢力と結託するようなこともなく、総じて公正に職務を遂行していると言えるのは、給与をはじめとする適正な処遇があり、規律の維持が図られているからである。こうした事柄も、裁判官報酬法（昭和二三年法律七五号）や国家公務員法（昭和二二年法律一二〇号）や地方公務員法（昭和二五年法律二六一号）にもとづく各自治体で制定される条例の存在を抜きには考えられない。

民間企業で働く従業員の場合、会社の規模や収益性によって給与は様々であるが、人間としての生活を維持する上での最低限の労働条件や労働契約の規制、労働環境については、労働基準法（昭和二二年法律四九号）や労働安全衛生法（昭和四七年法律五七号）、労働契約法（平成一九年法律一二八号）、最低賃金法（昭和三四年法律一三七号）など一連の労働法で規定されている。(1)

こうした例を挙げていくときりがないが、要するに私たちは、意識するしないにかかわらず、法に囲まれた日常生活を営んでおり、この点で、法は電波と同様に、見えないけれども社会生活にとって不可欠の役割を果たしているわけである。そして電波や電気について学ぶことで、現代の文明生活をなり立たせているシステムを理解し、より利便性の高い装置や製品を作り出すことが可能になるように、法を学ぶことで、私たちが現に生活する社会や国家のしくみを理解し、またその知識を武器に、仕事を進め、人生の目標や夢を追求していくことも可能となる。

法と電波の異なる点

しかし法には、電波とは異なる点もある。第一に、電波や電気は自然的に存在する。電気製品の作動も、電気という自然現象を利用したものだが、法は人間が人為的に生み出し、人間の行為によって運用される社会的なものである。電波や電気の扱いについては、電気にかかわる自然法則にしたがった回路が設計されていなければ、その機器は作動しない。しかし法は必ずしもそうではない。違法な命令だからといって、その命令が誤った回路やプログラムのように、自動的に効力を停止し、作用しなくなる、というわけではない（もしそのようなシステムが法秩序の中で実現されれば社会の運営はどれほど正しく、スムーズに進むだろうか）。法学のめざしてきたのは、いわば電気回路やプログラム回路のように、誤った指令が出されれば作動しなくなるようなシステムではあるが、何が違法かを判断するのは、その法を執行する権限のある役人であり、違法か違法でないかの判断も人それぞれで異なる場合がある。このため、違法な命令であっても長い裁判期間を経て、裁判所で無効の判決が出されるまで効力をもち続けることがある。これは後に説明することになるが、法とは、人間が法の形を決めるという側面をもっている。この点が電気や化学反応とは異なる、法のもつ曖昧で厄介な点である。

（1）昨今ではブラック企業とか、サービス残業といった言葉がよく聞かれるように、労働法の基準が十分に遵守されていないという現状がある。しかしこれが重大な社会問題や人権問題であり、是正を必要とするという意識を作るのも法である。

2. 法による秩序形成

(1) 法のもたらす害悪

法が現代社会の中で占める比重は、近年ますます高まっている。私たちが生活する社会とは、社会規範としての慣習や習俗、道徳、宗教の比重の高かった前近代的秩序ではなく、法によって規律される合理的な秩序をめざしている。その意味で、法は好むと好まざるとにかかわらず、ますます身近な存在になっている。

法が他の社会規範よりも優れているというわけではない

しかし法が合理性を追求する社会規範だからといって、それが伝統的な倫理や道徳よりも、社会規範として優れた性格をもつというわけではない。法は、社会を合理的に統制するという優れた性質をもつけれども、その形式性という特徴から、人間が人間らしく生きる上で不可欠な徳目と言える、愛や友情、慈悲、信頼といったものを無視し、これらなしでも済む社会を形成しようとする性格をもっている。また個人のエゴや自分勝手も、正当な権利とされ、その主張を促すことで、人間相互の信頼やきずなを破壊し、共同体の分断を進める側面があることも否定できない。不登校、解雇による自尊心の喪失、それに由来する鬱や自殺、離婚の増加、家庭の崩壊等、個人の孤立に由来する現代の社会問題は、かつて人々を結合していた宗教や慣習、習俗が崩壊し、社会規範の中で法の占める比重がかつてなく高まっている先進国特有の現象である。

「良き法律家は悪しき隣人」

個人の孤立やエゴに拍車をかけるものと忌み嫌われてきた存在として、法律家、特に民間の法律家である弁護士が挙げられる。彼らは愛や信頼の回復によって紛争の解決に努めるのではなく、法律論や権利論で武装することで、個人のエゴイズムを刺激し、相手の非を糾弾して、損害賠償請求を煽り、代理人としての報酬を得ようとする。弁護士のもつこのような側面は、昔から「良き法律家は悪しき隣人」とも言われ、非難されてきた(2)。

むろん社会の制度や人々の利害が複雑化した現代社会において、隣人愛や信頼感にもとづく話し合いだけで物事がすべて解決するわけではないから、専門法律家としての弁護士は現代においては不可欠の存在であり、上記の法律家非難はあまりに一面的に過ぎるところもある。しかし儲け主義の弁護士に対しては、まったく的外れというわけではないだろう。もともと紛争とは、よほど悪質な事例は別として、片方の当事者だけが一方的に悪いということはなく、程度の差はあれ、双方にいくらかの落ち度や問題があることも多い。しかしいったん法律上の紛争となると、当事者はもっぱら相手方の落ち度を指弾し、自らの落ち度を棚上げする形で争いは展開される。

こうした態度は、法的には問題はなくとも、道徳的な態度としては、尊敬されるものではないだろう。法による社会のコントロールが強まり、権利の主張が激しくなるほど、倫理や道徳の存在する領域は失われ、社会は分断の方向に向かう、ということは昔から指摘されてきたし、それに対立する形で、道徳や倫理を社会秩序の基本とするべきだとの主張も昔からなされてきた。

---

(2) アメリカで言われる ambulance chaser と言われる弁護士はまさにそうした存在である。直訳すれば救急車追跡者だが、事故が発生すると、被害者を運ぶ救急車を病院まで追いかけ、自分を損害賠償請求訴訟の代理人とするよう、被害者に営業活動をする弁護士を揶揄的に表現した言葉である。

（2）法によらない社会秩序の形成は可能か？

法治への批判

古代中国の戦国時代には、様々な思想や学派が成立し、盛んな論争が繰り広げられたが、漢代以降、儒教（儒学）が国教としての地位を確立するまで、「法治」[3]を説く法家といわれる思想家たちも一時は大きな影響力をもっていた。短期間で滅亡した始皇帝による秦も、この思想によって統治されたと言われるが、その余りに過酷な刑罰が民衆の不満を高め、国の崩壊を早めたといわれる。そもそも儒教によれば、法治とは、統治の思想としては好ましいものではない。あらかじめルールを定め、それに違反した者を処罰によって威嚇し、服従させるという発想は、そもそも人間のもつ道徳性や善性を考慮していない。儒教が理想とする統治とは、礼をおこない、徳を備えた君子による統治、つまり**徳治**であった。礼と徳を備えた君子の振舞いや言葉を前に、臣や民はおのずと頭を垂れて自発的に服従し、世の中がよく治まるというものであった[4]。

儒教の立場から、法治が嫌われた例として、『論語』には次のような話がある。孔子は旅の途中、その土地の知事に迎えられたが、そこで知事は孔子に、自分の親の罪を隠蔽することなく、正直に親を告発した息子の話をした。知事はその息子の正直さを讃え、わが土地の人間は正直者だと自慢した。しかし孔子はこれに対し、我々の仲間でいう正直とはそういうことを意味しない、むしろ悪事をなした子を親が庇い、悪事をなした親を子が庇うことが真の正直である、と語った[5]。犯罪者の隠匿を正当化するこの主張は、現代の日本ではなかなか理解しにくいものがあるが、親子の情や孝というもっとも自然的な感情を、法に優先させることこそが正直さであるという儒教の感覚がここにはある。

徳治を理想化する儒学の思想は、確かに一つの理想を示している。だが実際の統治者が、孔子のような立派な君子人であることは例外で、権力の行使を明確に規制するルールがなければ、権限をもつ権力者は自分に利益になる、都合のよいことをしがちであり、実際に中国でも法治が否認されたわけではない。江戸期の日本人は庶民も含め、儒学を盛んに学んだが、どちらかというと、日本人は徳治に全面依存することなく、法の規定を重要視する文化を形成していった。この文化を基礎に、明治以降の日本は、西欧における法治のシステムを移入し、西欧法を学び、継受することで社会の近代化と合理化に努めたのである。

法による社会形成の試みと限界

法が支配する国家や社会というのは、ある意味で人間の自然な心情や個々人の個性を抑えつけ、社会を合理化しようとする冷たい発想に基づいているともいえる。私たちの周囲は電波と同じように、法に囲まれている、と先に述べたが、それは決して自然的にそうなっているのではなく、古来、人間社会を規律してきた社会規範を、習俗や慣習、道徳から、法へ移し変えようとする意識的な努力によって築かれた状態なのである。しかしおそらくは法だけで、社会規範のすべてを代表させることは不可能であって、よき社会の形成のためには、法律の条文では表現しきれない、道徳や慣習、習俗による補完が、法の支配のためにも不可欠である。また私たちの行動は想像以上に、無意識的な習慣に支配されており、それらのすべてを文字で表現し、合理的に規律しようとすることはまず不可能だからである。

(3) この「法治」と言う言葉は、古代中国の思想集団である法家に由来する。明治以降、日本はドイツの Rechtsstaat をめざし、これを「法治国家」と呼んだ。両者は類似する点もあるが、後に述べるように、厳密には一緒にすることはできない。

(4) 現代中国は法治ではなく、「人治」と言われることがあるが、これは西欧近代的な法治に対置された最近の語で、中国の法治に対置されるのは徳治である。

(5) 『論語』子路第十三、第十八章。

3. 法の支配は何をめざしているか

(1) 権力行使のルール化としての法律

それでは近代以降の、西欧から輸入された法の支配や法治国家のめざす社会とはどのようなものなのか。それは、古代中国の法家の思想家たちが考えたような、単にルールを作り、人民をそれに従わせ、違反者を処罰すればよい、ということだけではない。そうした側面もたしかに含まれはするけれども、近代の法治国家の思想にはそれ以上の内容が盛り込まれている。

ルールのもつ合理性

そもそも法＝ルールによって人を拘束することや、権力行使の方法をルールで定めるということには、どのような意味や利点があるのだろうか。このことを考える上で、権力を行使し、統治の責任を負う統治者と、またそれを実行する役人、さらにルールを適用され、支配される人民という、三つの立場を区分してみよう。

統治者の立場からすれば、部下である官僚や役人の権力行使が、一定の範囲に限定されることは大きな利益となる。これによって統治者の理想や政治目的を阻害するような、役人の権力濫用や汚職は困難になる。また汚職や権力濫用が抑止されれば、統治される人民の側にも大きな利益がある。役人が人の顔を見て扱いを厳しくし、緩くするような恣意的な権力行使が横行すれば、統治者に対する人民の信頼は損なわれる。

権力行使のルール化は最小限の平等と自由をもたらす

さらにルールという形式に沿って権力を行使することは、じつはそれだけで、人々を法律の下で平等に扱うという、正義の要請を一定程度満たすことになる。またそれによって、人民の側からすれば、何をすれば違法とされるか、役人や裁判官の対応を事前に予測することが可能になる。この結果、人民はルールの範囲内であるが、自由な行動が保障されることになる。ルールに沿った扱いやルールに沿った規則的な権力行使は、それだけで自由と平等をかなりの程度確保することになるのである。もちろんルールの内容が秦の始皇帝時代のもののように、極度に過酷なものになれば問題は出てくるが、相当に過酷なものであっても、それが規則的で平等に運用されるならば、人民はそういうものだと納得し、受け入れることも比較的に容易なのである。逆に緩やかな内容のルールであっても、役人や裁判官の気まぐれで運用が変わる方が人民の不満は大きくなる。厳しいが公正なルールで成績評価をする教師と、緩いけれど、どんな基準で評価するか分からない教師のどちらが学生に敬愛され、尊敬されるかはだいたい想像がつく。

(2) 法の支配から要請される権力分立

以上に加えて、統治権力を立法権と執行権に分けることも、法の支配の実現には不可欠のものと考えられる。これがモンテスキューによって説かれた権力分立論であった。もし立法権と行政権が分離されなければ、統治権者は自分でルールを作りながら、都合が悪くなればいつでも変更でき、統治権者は事実上、法の拘束から免れ、法を超える存在となってしまう。これでは法の支配がまだ不徹底な状態と言わざるを得ない。ヒトラーは国民投票でドイツ国民の支持を得て、権力分立を廃止し、これを民主主義によって正当化したが、これによって、法の支配は失われた。権力分立を、国家体制（憲法）として保障することで、はじめて法の支配は貫徹され、法治国家もデモクラシーも健全に機能する。

4．法学の役割

（1）法と法学の関係

法が先か、法学が先か

法の支配や法治主義とは、社会に秩序をもたらすと同時に人々の自由を保障しようという理想を本質的にもっている。しかしそうした理想に向けた社会を形成し、運営していくためには、現に存在する「法」を学ぶだけではなく、歴史的に形成されてきた「法学」を学ぶ必要がある。法学とは、法が先にあり、それを研究するためにできた学問だと考えがちであるが、必ずしもそうではない。近現代の法秩序は、法学という学問の知識体系の中から生まれてきたものでもある。だから法学の知識がなければ、六法全書を読みこなすことも難しい。特に民法をはじめ、基本六法といわれる法律は、古代のローマ法学を淵源とし、積み重ねられてきた経験と知識の上で成立している。その意味で、法を学ぶために法学が存在するというよりも、法学が先にあり、その後に具体的な諸法律（実定法）の秩序が生み出されていく、という面もある。

法学を学ぶとは一つの文化を学ぶことでもある

私たちがその中で生活する法治国家とは、単に法律があり、それにもとづいて統治されているというだけでなく、法学という学問的な知識の蓄積によって生み出された、文化である。文化であるということは、専制国家のように、世界的には、そのような文化をもたない国もあるということである。法学部やロースクールで、体系的に法学を学ぶということは、単に技術的・実用的知識を身につける以上の、そういう意味をもっている。

したがって、学問としての法学を身につける上で重要なのは、法とは、法令の形を取って書かれている言葉がすべてではない、という認識をもつことでもある。法とは条文に書かれたものがすべてだ、という認識だけで法を運用する人々が一国の政治を支配するようになると、法は政治的な目的達成のためのこじつけや詭弁の技術に成り下がり、人々を支配し、統制するための道具となってしまう。しかし法の支配や法治国家を作り出してきた法学とは、本質的には自由主義的な性格をもっている。法をもたない社会や国家はないけれども、世界の国々には、こうした意味での法学をもたない文化も存在する。わが国が明治以降、採用した法治国家の体制や思想とは、長期間にわたり、蓄積されてきた法学の産物なのである。

(2) 法学の諸分野

さて一口に法学といっても、その内部は多くの専門分野に分けられる。ここではそれを簡単に説明しておきたい。

実定法学と基礎法学

法学は大きく、二つの分野に区分できる。一つは憲法学、行政法学、民法学、刑法学……というように、現に制定され、通用している法律（これを「実定法」という）を研究する**実定法学**である。これに対し、法社会学、法史学、法理学（法哲学）、法人類学など、法全般と、社会や歴史、哲学などとの関わりを研究する学問分野がある。この分野は**基礎法学**とよばれる。「法とは何か」という問いは、法学入門や法学概説の教科書で出てくる最初の問いではあるが、この問いをさらに掘り下げていくのは、主に基礎法学の諸分野である。だから「法とは何か」という問いは、法学入門でも扱われる論点だが、この問いは法学の最終目的でもある。この意味で基礎法学とは、法学の初歩とか入門というわけではなく、法を法としている根拠や、法を支え、また法と関係をもつ法以外の社会現象を研究し、法の根源を理解しようとする学問分野である。「基礎」とあるが、性質的には応用科目に属する諸科目である。

実定法学の諸分野

実定法学は、**公法学**と**私法学**という法律分野に大きく二分できる。

公法とは、公的権力の行使を規律する法で、公権力と個人という「上下関係」を規律する法、とイメージできる。公法学は、これまで述べてきたような、法治国家や法治行政の理念、罪刑法定主義の理念を追求してきた学問分野である。基本六法と言われる主要法律の中では、憲法学、刑法学があり、また裁判手続きを定める民事及び刑事に関わる訴訟法学もこの中に含まれる。また六法の中には含まれないが、「法律による行政」を追求してきた行政法学がある。「行政法」という名の法律はないが、国家行政組織法や公務員法、地方自治法、行政事件訴訟法など、行政にかかわる法律分野は、総称してこのように呼ばれている。今日、行政にかかわる法令は膨大なものとなっており、行政法学は非常に広い研究領域を形成している。

これに対して私法学は、公権力と国民の関係ではなく、私人と私人の法律関係を規律する法分野であり、その主要分野は民法学である。民法学は、ローマ法学以来の長い伝統の上に立つ法分野であり、今日の各実定法学は基本的に、民法学の概念や方法を模範として模倣し、発達させてきた。その意味で民法学は、法学の出発点である。また民法の特別法として、商人間の商取引や会社組織を規律する分野である商法を研究する商法学がある。

以上、これら〇〇法といわれる実定法を研究する分野は、すべて実定法学といわれる。基礎法学と実定法学は領域的には二分されるが、研究者の数や設置されている授業の数では実定法学が圧倒的に多く、小規模な大学には基礎法学の講義が置かれていないところも少なくない。実定法学は実用性に直結するので、その知識に対する社会的需要も大きいからである。しかし繰り返すように、法学とは決して紙に書かれた条文だけを対象とする学問ではなく、法を支える背景を理解する学問でもある。その意味で基礎法学は実定法学と深くつながっており、実定法学も基礎法学の成果を得て研究がなされている。実定法学の研究と基礎法学の研究を並行的におこなう研究者も少なくない。

法学はこのように、実定法学を中心としつつ、基礎法学、さらに基礎法学とかかわる隣接の学問と密接な関係をもちながら、形成されている。学生のうちは実定法学を学ぶだけでも苦労は大きく、他の分野にまで視界を広げる余裕はないかもしれない。しかし実定法学だけで法学は成り立つわけではなく、他の隣接学問との影響や支え合いの中で成立しているから、実定法学を学ぶ上では、基礎法学や、法学以外の諸分野にも関心を払うことが重要である。またそうした関心が、実定法をイメージする上で大きな助けとなり、理解の上で役立つものとなるのである。

第Ⅰ部　実定法について

第一章　条文の意味と解釈

1．実定法学の課題としての法の解釈

(1) 法解釈が必要となる背景

さて法学の主要な分野が実定法学であるということを述べたが、では実定法学とは何を任務とし、課題とする学問なのだろうか。それは、まずは法律の意味内容を明らかにすることである。実定法学の主な対象となるのは法令集に載っている法令であり、当然日本語で書かれている。しかし日本語で書かれているからといって誰もがすぐに理解できるわけではない。近年では法令用語の現代語化、平易化が進み、第二次大戦前に制定された、民法や刑法のような古い法典も現代語化されている。それでもたとえば、民法九四条のような法文は、法学を学んだ経験のない人には訳の分からない文章だろう。「……意思表示の無効は善意の第三者には対抗できない」といった表現は、特定の法律関係を想定した、法律条文特有のもので、法的問題に何のイメージももたない人がいきなり読んで理解することは難しい。そして実際にこの表現をめぐり、細かい部分では学者を巻き込んだ論争が展開される。

日本語として容易な法文でも解釈は必要になる　しかしここで言いたいことは、一般の人が容易に理解できる文章であっても、その意味が明らかではないことは少なくない、ということである。簡単に思われるような言葉でも、私たちはいつもそれを、何らかの形で解釈し、意味を決定している。

たとえば「公園内でボール遊びをしてはならない」というルールがあると考えてみよう。その理由はたいてい、ボールが当たると危険だから、というものだろう。それでは、ある人たちが紙風船で遊び出したら、公園の管理人はどう対処するべきだろうか。紙風船も、中に空気の入っている球状の形態であることはボールと同じである。だからボールの一種とみなし、禁止するべきか。しかし紙風船に当たって死傷することはまずあり得ないとすれば、紙風船はボールには含めず、遊んでよい、という判断も可能である。

ボールの解釈は状況によって変わり得る

このように、「ボール」という、分かり切ったような単語でも、状況によって何がボールなのか、という意味の選択と決定が必要になる。これが解釈である。公園内での危険を避けるためにこのルールはできたのだと理解すれば、紙風船をボールに含める必要はなく、これを公園に持ち込んで遊んでもいい、という解釈が生まれる。しかし問題の本質はボールではなく、ルールをめぐって大きな子供たちが公園内で走り回ると、幼児にとって危険だから、というのがルール制定の理由であるとすれば、紙風船であろうとボールに含まれ、禁止されるという結論になるかもしれない。いずれにせよ、このルールの解釈に確定した答えというものがあるわけではない。どのような背景で、このルールが作られたのか、またその場の公園の状況や人の出入りの多寡を見て公園の管理人は具体的に解釈するだろう。特に紙風船を禁止する実質的な根拠はないが、細かい事情を持ち出されるたびにいちいち判断するのは面倒だから、という理由で紙風船もダメとされる可能性もある。

(2) 解釈の争われた有名な事例

言葉の意味にはもともと幅がある

こういう問題が起きる理由は、そもそも私たちの話す自然言語のもつ単語の意味に一定の幅があるからである。実際に法律上、問題となる事例を見てみよう。刑法一九九条は、「人を殺した者は、死刑又は無期若しくは五年以上の懲役に処する」としている。この日本語の意味はごく単純なものだが、やはり法文の意味をめぐっての解釈が必要となる。

「人」という語について言えば、人か、人でないかは分かりきったことのように思われるが、では「胎児」は人なのかどうか。生物学的には人に含めてよさそうだが、社会的にはまだ人ではないとも判断できる。現行法の扱いをみるならば、胎児は法的人格をもつ人ではない、という解釈は確立している。民法三条では「私権の享有は出生に始まる」とあり、出生が、法的には人の始まりであることが明らかにされている。刑法上は「堕胎罪」（二一二条〜二一六条）によって、胎児が生物学的に死ぬかどうかを問わず、堕胎そのものが処罰されることで、殺人罪の対象としての「人」からは外されていると理解できる。

胎児はいつから「人」になるか

問題になるのは、胎児はいつの時点で「人」になるかである。裁判所の解釈によれば、分娩により、身体の一部でも露出すれば、その時点で胎児は人であり、堕胎罪ではなく、殺人罪となる（大判大正八年一二月一三日刑録二五輯一三六七頁）[1]。この論点に関しては、胎児の体全体が露出した時点で人になる（全部露出説）とか、独立して呼吸を始めた時点で人になる（独立呼吸説）とか、複数の解釈の仕方がありうる。この判例は、複数の可能な解釈の一つを採用したわけである。

「死」をどう定義するか

「殺した」という言葉の解釈も問題となる。「殺した」とは意図的に死の状態を作り出すことだが、何によって「死」は認定されるのだろうか。伝統的な考え方によれば、死とは、心臓、呼吸、瞳孔反応が不可逆的に停止したという三つの兆候によって判定されてきた（三徴候説）。この判定を実際におこなうのは専門家としての医師であるが、殺人罪としての死の規準を定めてきたのは生物学や医学ではなく、法の解釈である。だから医療技術の発達によって「脳死」の概念が新しく生まれたとき、法的にはこれを死と認めるかどうかが大きな問題となったのである。従来の三徴候説に立つ限りでは、「脳死」状態でも、心臓が機能している限り、生きている状態である。この状態で死人（病人？）から臓器を取り出し、移植すれば殺人となってしまう。臓器移植を可能とした新たな医学上の技術は、この規準に対する見直しを法に迫ることになった。臓器移植法は、一定の基準を満たすことを条件に、移植を特例的に認めている（臓器移植法六条）(2)。技術の進歩や社会の変化によって、立法当時は考えられなかった事態が生ずるとき、「人を殺した者は……」というごく単純な日本語表現すらも、様々な解釈の対象となるのである。

条文の規定が現実と一致しなくなっている場合

解釈が必要になる第二の背景は、臓器移植の事例とも重なるが、法に欠缺《けんけつ》がある場合である。法の欠缺とは、欠陥や欠如と言い換えられる。時代環境の変化によって法律の想定する事態が現実的ではなくなり、欠缺が生じることはしばしば見られる。

電気窃盗事件

古典的な例としてよく出されるのが、いわゆる電気窃盗事件である。刑法二三五条では「他人の財物を窃取」することを窃盗として処罰を規定している。財物とは、財産的価値

（1）判例の典拠は省略して記される。「大判」とは今でいう最高裁判所判決に該当する「大審院判決」である（最高裁判所判決の場合は「最判」と書かれる）。「刑録」とは「刑事判決録」の略称で「輯」とは「集」の意味で、「しゅう」と読む。大正一〇（一九二一）年以降は、刑事判例集の略称である「刑集」に代わる。民事裁判の場合は民事判例集で「民集」と書かれる。

（2）この法律は臓器移植を法的に許容するために、殺人罪とされない条件を特例的に規定しているだけで、日本法が「脳死説」を採用したというわけではない。臓器移植のための法律上の手続きを経ることなく、三徴候を満たさない「脳死者」から臓器を移植すれば、殺人罪とされる可能性はある。「脳死」というだけでは、法的には死とはされていないのである。

のある「物」であり、「物」とは、民法上、有体物を指す（民法八五条）。では電柱から勝手に線を引き、電気を窃取した場合、これを窃盗罪として処罰できるのか、ということがかつて問題となった。電気に財産的価値があるのは間違いないが、電気は「有体物」とはいえない。そこで実際に電気を盗用し、窃盗罪で起訴された者が、電気は財物には該当しないから、窃盗罪には該当しないとして、無罪を主張したのである。この事件は、最終的に大審院で有罪となったが、その論理によれば、「物」とは有体物である必要はなく、「管理可能性」のあるものであれば、「物」に含むことができるというものであった（大判明治三六年五月二一日刑録九輯八七四頁）。

管理可能性があれば窃盗罪とすることの問題　刑法と民法とでは体系が異なるから、裁判所は民法に定める「物」の定義に必ずしも従う必要はないが、それでもこの解釈には問題がある。管理可能なものであれば、すべて「物」に含まれるならば、たとえば他人のアイデアや発明を盗んだ場合も窃盗罪となりかねない。これらは法によって保護されるべき利益ではあるけれども、これを刑法の「窃盗罪」で処理できるなら、窃盗罪の処罰範囲は広くなりすぎ、罪刑法定主義という国家の刑罰権のルールを明確にしようとする原則は損なわれてしまう（他人のアイデアや発明は、現在では特許法その他の知的財産法によって保護されている。これらは「財物」ではなく、「知的財産」として保護されているのである）。このため現在では、刑法二四五条が「電気は財物とみなす」と、規定し、電気窃盗も窃盗罪として特別に処罰できることを法律上明らかにしている。物を「管理可能性あるもの」にまで拡大した大審院の立場は事実上、修正され、「物」とは「有体物」であるとの解釈で、現在は落ち着いている。

2. 法の適用

(1) 法適用の自立性

以上の説明から、法の意味を理解するには解釈が必要になる事情が理解されると思う。しかしここで一つの不信や疑問が生じるかもしれない。電気窃盗事件における大審院の判決のように、法の解釈などは結局、裁判官の都合で、どうにでもできるのではないかと。たしかにそうした事例は古今いつでも見られる。ただ総じて言えば、司法権の独立や行政の専門性が尊重される法治国家では、法の客観的論理に従って答えは出されるものといってよいだろう（時々そこから外れるとニュースになる）。

法の論理にしたがった解釈の必要性　法の論理に従うとは、法的な判断が、政治や経済、社会的な要請からは相対的に独立した形で、法律学の論理に従って結論が導かれる、ということである。言い換えれば、法律学や法律家に、独立した専門性や地位を認めない文化では、法の論理にしたがった法解釈は期待できず、結論は、政治権力をもつ者や経済や社会の必要や都合で、場当たり的に決められることになる。法治や法の支配が確立した政治体制とは、法を解釈し、運用する者に、独立した専門家としての地位を与える社会なのである。したがって裁判官は言うまでもなく、行政官である検察官も、また役所に務める一般の官僚でも、程度の差はあれ、そうした専門性は尊重される必要がある。そうした尊重があってこそ、「人による支配」ではなく「法による支配」が可能になるのである。

法の自立性とは絶対的な自立性ではない　しかしだからといって、法律家は政治、経済、社会の動向や必要性を一切考慮することなく、法律学の内在的な論理のみで結論を出せるわけではないし、出すべきものでもない。法律が広く民意やそれぞれの専門家の意向を受けて制定されるように、法解釈も社会的な意志や必要をある程度は反映していなければならない。法律家が専門性の枠に閉じこもり、他の専門分野の声や、一般社会からの要請を正面から無視するような結論を、法の論理として独善的に主張するなら、また国民や社会からの切実な要求に配慮せず、法の内在的な論理や、過去との辻褄合わせだけに終始した結論が強弁されるなら、それは官僚主義として非難されなければならない。よく言われる「政治主導」とは、そうした行き過ぎた官僚主義に対する一般社会からの怒りや反動であり、このような状態が続けば、法律家の独立性や行政官の専門的地位は、立法を通じてやがて剝奪されることになるだろう。つまり法解釈をおこなう上で必要な、法律学の独立性や自立性とは、政治や経済からの**相対的な**自立性であって、絶対的な自立性と考えるべきではない。曖昧な話ではあるが、法律家は社会全体の要請や流れを考慮しつつ、同時に外からは影響されない筋の通った法の論理を維持し、結論を導く必要がある。その意味で法律家は、法律の専門的知識をもっているだけでは不十分であり、あらゆる他の分野について関心をもち、それを学ぶ姿勢も必要といえる。

絶対的に正しい法解釈は存在しない

法解釈をめぐるこのような環境を十分に理解するならば、法解釈の結論に、絶対的に正しい答えというものを安易に考えることはできないし、それは危険な考え方といえるだろう。ただし、「絶対に正しい解釈」に簡単に到達することはできないとしても、「間違った解釈」というものは、比較的一致しやすい。明らかに誤りと思われる法解釈を、解釈の候補から外し、それ以外の範囲で、正しい解答に向けて議論していく、という姿勢が解釈においては求められる。このことは法の重要な目的でもある「正義」にかかわる問題と同じである。「何が正義か」と問われて、明確に答えるのはきわめて難しい。しかし、少なくとも、「この解釈は明らかに正義に反する」「不正だ」ということで衆目が一致することはそれほど難しいことではない[3]。その意味で正義の判断についてはある程度、人々の間で共有することは可能だが、相対的なもので、いつでもどこでも通用する、普遍的で、絶対的な正義に、――仮に存在するとしても――法律家はこだわるべきではないということである。このように法解釈の正しさ、正義は、時代や地域によって変わる。しかし権力者の都合でどうにでもできる、と考えるべきでもない。このような考え方は専門家の独立性や地位を否認し、政治的判断がすべてを決定できると考える、専制国家特有の考え方である。

(2) 法の適用過程と法的三段論法

さて、法の解釈は決してデタラメなものではなく、一定の法律的な論理にしたがって導かれるという意味のことを言った。これは結論の内容はともかく、法の適用には形式的な客観性が備わっていなければならないということを意味する。

法適用の過程は二段階に分かれる　法を適用する裁判の過程は、紛争にかかわる具体的な事実関係の認定にかかわる段階〔**事実問題**〕、そしてその事実に適用するべき法規範を選択し、法の意味を解明し、解釈する段階〔**法律問題**〕の二段階に分かれる。現実の社会において争いとなる事例のほとんどは、言った／言わない、あるいは証拠がある／ない等、事実認定にかかわる問題である。条文の解釈そのものが問題になることは割合的に少ない。ただ学問として、法学の学習者や研究者が主に扱うのはこの部分である。

(3) たとえばすでに述べた電気窃盗の事例で言えば、法律の欠缺がある以上、電気窃盗は無罪とせざるを得ないという議論もあるが、そういう主張をする人でも、電気窃盗は本来、正義に反するもので、処罰されるべきという認識はもっている。無罪説を主張する人は、法改正をして今後処罰できるようにすることを考えるのである。

認定された事実に対して法を適用し、結論を導く論理過程は、**法的三段論法**と言われる。

法的三段論法

つまり、①適用されるべき法規範が大前提として選択され、次に②具体的な事実が小前提として認定され、③選択された法規範である①に、認定された事実②をあてはめるという論理過程である。

具体的には、①刑法一九九条では、殺人は死刑又は無期若しくは五年以上の懲役に処する、という**法規範**が大前提としてあることが確認される。②次に、被告人Aは被害者Bを殺害した、という**事実**が小前提として認定される。そしてこれらの法規範と事実を前提として、③被告人Aは死刑又は無期若しくは五年以上の懲役に処されるべし、といった**結論**が導かれる。

しかしこれまで法解釈の必要について説明してきたように、実際の法適用はこのように形式的な、単純なものではない。被告人Aが被害者Bを殺害した、という事実一つを取っても、じつは故意ではなく、過失であったとか、不可抗力であったといった事実認定にかかわる議論が背景にはあり、その段階で傷害致死罪（刑法二〇五条）や心神喪失による無罪（刑法三九条）などの法規範が先に問題になっているのである。法的三段論法とはある意味で、すでに結論の方向性を決めたものについて、あらためて法的論理を用いて正当化しているもので、数学の証明と似ている部分がある。とはいえ、結論となる解答を示すだけで、証明を省けば数学でもまともな点数はもらえない。なぜこの答えを出したのか、という論理的な証明の過程が数学では重視されるように、法適用においても、単に結論を出すのではなく、なぜその結論に至ったのかを、法的な論理として客観性のある説明をおこない、それによってその結論は一応正当なものと評価されるのである。

したがって結論を導く上で、法的三段論法に即した形式を取ることは、その結論を正当化する上では、最低限必要な条件である。結論が社会的に喝采を受けるようなものでも、この形式を備えていなければ適用としては失格である。

しかしこの論理的形式を踏んでいるというだけでは、まだ結論の正当性という上では十分なものとは言えない。裁判や行政などの実務において、法解釈の結論は社会的にも受け入れられる現実的な適切さという説得力が必要である。裁判官などの法解釈者は、適切と思われる結論にたどり着くために様々な法解釈の方法と技術を使用するのである。

3．法解釈の方法と技術

(1) 法解釈の方法

文理解釈　法解釈において、まず出発点となる方法は、文理解釈である。これは文字通り、法文を形成している文言の意味にしたがい、その意味を理解するものである。法を不文の慣習法ではなく、明確化された文章で表現しようとする成文法主義を採用する国家において、第一に採られるべき方法であり、文言の意味に即して法文を解釈していくのは法解釈の基本といえる。しかし文言の意味といっても、言葉の意味には幅があり、また社会状況の変化によって、法文に欠缺が生じることで、適切な答えが出せなくなることも少なくない。そこで文理解釈以外の解釈方法が求められることになる。

論理（体系的）解釈　そこで登場するのが論理解釈である。これはある問題が生じたとき、法体系全体の論理的構造に即して解釈しようとする方法である。電気窃盗の事例で言えば、現在では刑法二四五条で「電気は、財物とみなす」という条文が追加されたことで、処罰されるが、この規定が存在しない場合、単純に文言だけに着目すれば、電気も管理可能性があるから、財物に含めてもよいではないか、との解釈も可能である（現に大審院はこの立場を採った）。しかし民法では「物とは有体物をいう」としているように、有体物でないものまで、財産的価値を理由に、窃盗や強盗での処罰を可能にすると、「物」の定義が広がりすぎ、刑罰法令として余りにも不明確なものとなってしまう。法体系全体の論理構造を考えるならば、電気はやはり物と考えるべきではない。その考え方が、一時、電気を財物とみなした大審院解釈を事実上否定し、立法上、「電気を財物とみなす」という規定が作られた背景である。これは法体系全体の論理的構造にしたがって導き出された解釈といえる。

目的論的解釈　論理解釈に対し、法解釈者が立法者の目的や、法体系全体の観点から一定の目的を見出し、その方向に向けて解釈する方法が目的論的解釈である。

その例として、胎児と人との境界にかかわる論点を挙げてみよう。胎児がいつの時点で人として殺人罪の対象になるかについては、すでに述べたように、一部でも母体から露出すれば人として扱われるというのが刑法上の判例である。母体から一部でも出てきた胎児を殺せば、その罪責は堕胎罪ではなく、殺人罪である。この立場は、生命を尊重するという刑法の立法目的から導かれた解釈態度といえる。ただし、これは刑法上の話であって、民法上、胎児と人との境界の解釈は、刑法とは独立におこなわれている。民法では、「私権の享有は、出生に始まる」（民法三条一項）とされ、出生が法的な意味で、人としての出発点であることは刑法と変わりはないが、胎児が人に変わる、出生時点の解釈については、民法学の通説は、胎児が母体から全部露出した段階だと解釈されている。

民法解釈と刑法解釈の違いは法の目的に由来する　この違いがどこから来るかと言えば、民法と刑法、それぞれの法のもつ「目的」である。刑法の場合には、人の生命や身体の保護がそもそもの目的であるから、一部露出した段階でも、殺人罪の対象となる「人」とすることで、より強く生命を保護する方向で解釈するのが適切である。

これに対して民法の場合、胎児と人との境界線の判断は、胎児や胎児の相続権者の権利をどう調整するかという目的から考える必要がある。「私権の享有は、出生に始まる」（民法三条一項）が、じつは民法自身が、相続については、「胎児は、相続については、既に生まれたものとみなす」（民法八八六条一項）とし、同条二項で、死体で生まれた場合には、この規定は適用されないとし、初めから相続分はなかったものとする、こういう構造を採っている。このため、死産の場合には、胎児の相続分ははじめからなかったことになるのに対し、出生が認められた場合には胎児は人として、その相続分が確定し、その後に死亡した場合には、別の誰かがあらためて、その子の相続分を相続するという関係が生まれる。(4)

この場合、出生を一部露出とみるべきか、全部露出とみるべきか、という問題は、刑法解釈のように、犯罪からの生命保護という目的からではなく、いかに相続を合理的にし、複雑化を避けるか、という目的から判断されるべきだろう。そう考えると、一部露出の段階で早々に出生したとして権利能力を認め、その後死亡した場合、あらためて子の財産の相続を考えるよりも、完全に母体から離れ、生存の可能性がより高くなった時点を出生とみなす方が、権利関係はより安定的となり、合理的といえるだろう。

（4）夫婦と子（胎児）一人の関係として考えると、妻の妊娠中に夫が死亡した場合、夫の財産は、妻と胎児で二分一ずつ相続することになる。しかしその後、胎児が出生することなく死亡した場合には、胎児の相続分ははじめからなかったことになるから、夫の財産は妻が三分の二、残り三分の一は夫の両親が相続する。これに対し、胎児が出生し、いったん人と認められた後に死亡した場合、胎児（子）が相続した分は母（妻）が相続することになるから、結果的には、妻が亡夫の財産すべてを相続するという違いが生まれる。もちろんこれは法定相続の場合であり、夫が生前に遺言書を残していれば話は別である。

要するに胎児はいつ人になるのか、という法解釈上、同じ事象を扱っていても、刑法と民法とでは立法の目的が異なるから、それぞれの目的に応じて解釈の方向もおのずと変わってくる。いずれの場合も、立法の目的に沿う形で判例や通説は目的論的解釈をおこなっていると見ることができる。

(2) 法解釈の技術

以上、論理解釈と目的論的解釈については、法文の語句をそのまま理解するのではなく、文言の意味理解に一定の操作を施している。そこで必要とされるのが、法解釈の技術である。

勿論解釈と反対解釈

勿論解釈とは、ある事柄について、文言としては規定されていないけれども、類似の規定を「もちろんそうなる」という形で解釈する技術である。「これより車馬の入構を禁じる」というルールがあるとき、牛車やラクダに乗った人にも当然適用される、とする考え方である。ここでも民法の例を出してみよう。**成年被後見人**（精神上の障害により事理弁識能力を欠く常況にあり、後見人が付けられている成年者のこと。民法七条以下）は、原則として法律行為をなす際、後見人の同意を得る必要がある。同意がない場合には、日用品の購入を除き、後見人はその法律行為を取り消すことができるとしている（民法九条）。ところが成年被後見人であっても婚姻の場合には、後見人の同意は必要とはされない（民法七三八条）。婚姻は本人の財産保護を図る以上に、本人の意志の尊重が重要と考えられるからである。この点は条文で明確に規定されている。ところが**成年被保佐人**が婚姻を欲する場合、被保佐人は、保佐人の同意を要するのかどうかが問題となる。なぜなら成年被保佐人が婚姻をおこなう場合について、民法は何も規定していないからである。しかしこれはわざわざ法律に規定するまでもなく、法解釈上、答えは明らかであると言える。成年被保佐人とは、精神上の障害で事理弁識能力が著しく不十分な者をいう（民法一一条）。つまり成年被保佐人は、成年被後見人よりも障害の程度は軽いのである。より重度の成年被後見人にすら、後見人の同意なくして婚姻が認められるのに、より軽度の成年被保佐人が婚姻をするのに、保佐人の同意を必要とする理由があるわけがない。このように、法律上、何も規定されていないが、論理上、当然そうなる、という意味で用いられる技術が勿論解釈と言われる。

勿論解釈とは反対の方向で利用される技術が反対解釈である。法律上何も規定されていないが、すでに存在する類似の規定とは反対の方向で解釈する技術である。「これより車馬の入構を禁じる」というルールがあるとする場合、馬ではなく、牛車やラクダに乗った者については何の規定もないから、入構できる、と反対に解釈する手法である。婚姻の事例を挙げてみよう。民法では未成年者が婚姻をする場合には、父母の同意を得なければならないとされている（民法七三七条一項）。それでは成年者が婚姻をしたいと思うときは父母の同意は必要になるのだろうか。この点について民法には何も規定がない。しかしこれは七三七条の規定とは反対に、父母の同意は不要、と解釈するのは当然のことだろう。なぜなら婚姻に父母の同意を要するということは、判断能力の不十分な未成年を保護するという立法上の目的から生じたものだからである。成年になった以上、本人の意志のみで自由に法律関係を形成できるという市民法の原則は、婚姻についても当然当てはまる。もっともこの点は、日本国憲法二四条で、「婚姻は、両性の合意のみに基いて成立し、……」とあるので、解釈上、最高規範としての憲法からの影響があるのは当然だが、仮に憲法にそのような規定がなくとも、そう解釈するべきことは当然である。さもなければわざわざ未成年者だけを取り上げて婚姻の要件を説明する条文は必要ないからである。

拡張解釈と縮小解釈

論理解釈や目的解釈をおこなうための技術として、その他に拡張解釈と縮小解釈という技術がある。文字通り、法文に出ている文言の意味をより広く、拡張的に理解しようとするのが拡張解釈であり、より狭く、縮小して理解しようとするのが縮小解釈である。いろいろな事例が考えられるが、「車両通行禁止」のルールがある場合、スケートボードも車両に含まれると解釈すれば、拡張解釈である。

縮小解釈の極端な例としては、日本国憲法九条二項の解釈を挙げることができるだろう。九条二項には「陸海軍その他の戦力は、これを保持しない」とある。では現に存在する自衛隊は憲法違反ではないか、との批判が自衛隊の前身である警察予備隊の創設以来、繰り返されてきた。これについて日本政府の公式見解としての解釈は、「戦力」の意味を極度に縮小して解釈することによって、自衛隊のもつ実力は「戦力」には当たらず、憲法違反ではない、というものであった。政府は「戦力」の定義を、「自衛のため必要最小限度の実力を超えるもの」（一九五四年鳩山一郎内閣政府統一見解[5]）とし、自衛隊のもつ実力は最小限度の実力を超えていないから憲法違反ではないとしてきた。「自衛のための必要最小限度の実力」とはどの程度のものか、という問いに対しては、周辺諸国の軍事力や武器の技術水準にかかわるので、ここまで、という確定的な線を引くことはできず、時代と共に変化する相対的な概念である。このように戦力の意味を縮小的に定義することで、自衛隊の戦闘能力が高まるとしても、「必要最小限度の実力」は超えておらず、憲法違反には当たらない、という解釈が維持されてきた。自衛隊発足時と現在の自衛隊の装備や実力は雲泥の差があるが、この解釈が現在も政府見解として変わっていないのはそのためである。この解釈の是非についてはともかく、政府は憲法典に規定される「戦力」の語を、極端に縮小的に解釈するという技術によって、自衛隊法は憲法違反ではないとの結論を導いているのである。

類推（解釈）

類推（解釈）とは、拡張解釈と似ている部分があるが、論理的には別のものである。拡張解釈はあくまで、現に存在する文言の意味を拡張して解釈するもので、解釈される法律上の規定が存在する場合におこなわれる。これに対して類推解釈とは、必要な法律的規定が存在しないが、何らかの形で対応する必要があるために、類似した事案に適用される規定を類推的に、他から借用して適用する、という手法である。

この解釈技術は、適用するべき法規が存在しないのに、別の規定を借用して解決する手法であるから、罪刑法定主義を大原則とする刑法解釈においては、国民の自由保障機能を損なうものとして禁止される。もし被告人を処罰するべき適切な刑罰規定が存在しなければ、裁判所は無罪の判決を出さなければならない。しかし刑事裁判でなく、民事裁判のような場合には「無罪」判決は出せない。また紛争が生じた場合、それを終局的に解決するのも近代の法治国家にとっての使命であるから、規定がないからといって、裁判を受理しないという選択はできない。その場合には、事案とは直接関係がなくとも、他の規定を類推的に適用し、裁判による決着をつけることがある。(6)

(5) 憲法解釈を最終的に決定するのは最高裁判所であり、政府ではない。しかし国会に提出される法案のほとんどは、政府提出法案であり、政府（内閣法制局）は提出前に、法案が憲法に適合するかどうかを独自の憲法解釈にしたがい、審査している。最高裁が成立した法案の憲法判断をおこなわず、法律を追認するなら、政府による憲法解釈は事実上、確定的なものとして通用してしまうのである。

(6) その根拠としてしばしば挙げられるのが、明治八年太政官布告第百三号（裁判事務心得）である。同布告の三条では、「一民事ノ裁判ニ成文ノ法律ナキモノハ習慣ニ依リ習慣ナキモノハ条理ヲ推考シテ裁判スヘシ」とし、民事裁判の場合には、法律上の規定がなければ、習慣、条理などを援用してでも判決を出すべきことを定めている。この明治の布告は現在も有効なのかどうか学説上争いがあるけれども、この規定がなくても、法律上の紛争を終局的に解決するのは近代国家にとって自明の任務である。

予防接種事故における被害者救済のための類推適用

こうした事例として、憲法二九条三項を類推適用した予防接種事故判決がある（東京地判昭和五九年五月一八日判時一一一八号二八頁）[7]。予防接種法にもとづき、国が予防接種をしたところ、一部の乳幼児が死亡又は後遺障害を被り、被害者や遺族が国を相手取り、損害賠償または損失補償を請求するというものであった。この問題の難しさは、損害賠償請求が法律上、困難であったというところにあった。損害賠償請求とは、加害者の不法行為を原因として、法律上の権利や利益を侵害された場合に請求するものであるが、国による予防接種そのものは合法的で、予防接種に際して、明確な過失もなかったため、簡単に不法行為を認定することはできなかったからである。また国が合法的な行為によって私人に損害を与えた場合の救済手段として、損失補償の制度がある。たとえば道路拡張のために、国が私人の財産である土地を収用する場合、国はその損失分を補償しなければならない（土地収用法六八条以下）。この場合には土地収用法という法律があり、そこで損失補償が規定されている。しかし当時の予防接種法には、このような規定がなく、被害者には損害賠償も、損失補償を国に請求する法的根拠もなかったのである。しかし憲法二九条三項には、「私有財産は、正当な補償の下に、これを公共のために用ひることができる」という規定がある。土地収用法における損失補償の規定はまさにこの憲法条文を具体的に法律化したものなのである。そこで東京地方裁判所は、被害者救済のため、憲法二九条三項を類推適用することで、予防接種事故の被害者も国に直接正当な補償を求める権利があると判示したのである。

この判決は、何の落ち度もなく予防接種事故に遭った被害者を救済しようとの意図からなされた解釈であり、結論としては同情できる部分はあるものの、法的な論理としては大きな問題を含むものであった。そもそも憲法二九条の規定は、私有財産の保障と、それが公共のために利用された場合の補償の権利を定めたものであって、人間の生命や身体を「公共のために用ひる」ことを想定して規定された条文ではない。この類推適用が正当なものとして正面から認められてしまうなら、「正当な補償」さえあれば、国民の身体や生命も私有財産の一種として、国が公共のために、その犠牲を国民に強いることも許される、という理解になってしまう。他に被害者を救済する手法がないので、裁判所は二九条三項を類推適用したのだが、法の論理としてはかなり問題の残るものであった。この事件はその後の東京高等裁判所の判決で、国側の過失を広く認めることによって被害者の救済を図った。また現在の予防接種法では予防接種に伴う死亡や疾病に対する補償は定められている。

類推解釈を認めたナチス刑法

このように民事上の事件でも、類推（解釈）はかなり問題を含むことがある。だからこそ刑罰として被告人の生命を奪い、自由を拘束する刑事法の領域では厳格に禁止されることが要請される。しかし類推が全面的に容認された事例もある。ドイツにおける一九三五年六月二八日の改正刑法（いわゆるナチス刑法）である。その第二条は次のように定めている。

「法律が可罰的なものと宣言する行為、または刑罰法規の基本思想および健全な国民感情に照らして処罰に値する行為を行う者は処罰される。行為に対して直接適用されるべき所定の刑罰法規がないとき、当該行為は、その基本思想においてもっともよく対応する法律にしたがって処罰される。」

ナチス刑法では、犯罪と刑罰を定める法律がない場合でも、「健全な国民感情」が処罰を求めるなら、よ

（7）「判時」とは、日本評論社から発行される雑誌「判例時報」の略称である。裁判所の公式判例集である民事判例集や刑事判例集に掲載されない判決が掲載されるとき、判例時報が参照される。その他「判例タイムス」もある（「判タ」と略称）。

く似た法律を類推的に引っ張り出してきて処罰することを認めたわけである。これは名実共に、ナチス立法による法治国家の否認宣言というべきものである。権力者や大衆が、被疑者を処罰したいと「健全な民族感情」によって望むなら、法律なくして処罰することを認めたわけである。

ナチス刑法的な類推は正義の名でしばしば要求される

こうした例は暴虐で知られた昔のナチスの話、と気軽に片づけることはできない。たとえば二〇〇六年、福岡県福岡市東区で、福岡市職員が酩酊状態で自動車を運転し、ブレーキ操作もせずに博多湾上の橋で自動車に追突し、博多湾に転落した自動車に同乗していた夫婦の子供三人が溺死し、加害者は発覚を恐れ、被害者を救護する義務を果たさず逃走したという事件が発生した。この事件では、メディアやネットの世論は、被告人を殺人罪で死刑にせよ、との声で満ちあふれた。飲酒運転という違法行為で、何の落ち度もない一家を不幸のどん底に陥れた加害者被告人への世論の怒りは当然である。しかし被告人は客観的には酩酊状態で自動車に追突しただけであり、主観的にも殺人の故意はまったくない以上、殺人の実行行為とはいえず、殺人罪の適用も、死刑の判決も当然に不可能である。結果的には危険運転過失致死罪と道路交通法違反とを併せて懲役二〇年の刑が最高裁で確定したが、こうした事案で「実質的に殺人と同じだ」という論理で殺人罪を適用するならば、ナチス刑法ばりの類推となる。人権無視の統治や裁判は、じつは国民自身の正義感情がしばしば望むものであることを我々は認識しておく必要がある。

以上、法解釈の技術について説明したが、これらの分類はかなり便宜的なもので、学者や書物によっては異なる説明や異なる用語を使用している例も少なくない。そもそも実際の法解釈をするとき、学者も裁判官も、解釈技術を何らかの規則的なルールにしたがって使用しているわけでもない。また拡張解釈と類推（解釈）は理論上、異なるものとされるけれども、電気窃盗事件のように、事実上、類推（解釈）に近いものが、拡張解釈として正当化されるような微妙な場合もある。以上を念頭に置いた上で、こうした区分があることを理解してもらえればよい。

(3)　法解釈の方向を導く二つの態度

法を解釈する者は、種々の解釈方法を選択し、また解釈技術を用いるが、この場合にはこの技術を使わなければならないとか、この技術をこの場合に使用してはならない等のルールは、刑法解釈における類推解釈の禁止のような例を除けば、特に存在しない。つまり解釈をおこなう裁判官はケースバイケースで、もっとはっきり言えば、これが正しいという結論を先にもっている。したがって重要なのは、三段論法の形式を備えた、結論に至るまでの論理性であり、また最終的な結論のもつ説得力である。これらの要件が相対的に満たされるならば、一応は「正しい法解釈」ということができるが、それを導くための基準はあるのだろうか。

この問題については多くの見解や立場があるが、ここでは入門レベルの話として、二つの代表的な立場を紹介することにしよう。

主観説ないし立法者意思説　一つは**主観説**ないし**立法者意思説**とよばれる立場である。この立場は、法の解釈とはその法を制定した立法者の意思に沿って解釈するべき、という考え方である。法律上の問題が生じたとき、極端に言えば、現実的な結論の適切さはどうであれ、立法者が考えていた通りに解釈するのが正しいと考えるわけである。しかし法解釈の必要とは、すでに述べたように法に欠缺が生じ、法の規定と社会の現実が一致しない場合なのである。電気窃盗事件で言えば、そもそも明治初期の立法者は電気が盗まれるという事態を想定していなかった。そうであるならば、電気を盗むという行為が社会的・経済的にどれほど問題のある行為であっても、無罪の結論を導かねばならない。憲法九条における戦力不保持の原則も同様である。日本国憲法が制定された当時の日本は、連合国によって武装解除され、占領された状況であったから、日本政府が国防や安全保障について考える権利も義務もなかった。その意味では制定当時の現実において、戦力の不保持を定める憲法九条は決して非現実的な理想主義でもなく、現実そのものであり、立法者としては、その状況を永続化することが目的であった。その後、日本は再独立し、国際環境も大きく変わった。立法者意思説の立場からすれば、憲法制定者の意図は非武装にあった以上、戦力の保持はどのような事情があれ、禁止されるべき、ということになる。もしこの立場が現実に合致しないのであれば、政府や立法者は法解釈で結論を操作するなどという姑息なことをせずに、堂々と法（憲法）の改正を主張し、おこなうべきだ、と考えるわけである。

立法者意思説への批判

この立法者意思説の考え方には、長所と短所がある。法は、社会環境がどう変化しようと、確固とした立場を維持するべきである、だからこそ人々は法を信頼し、法を前提に行為するのである。社会の変化や必要性、流行に乗って、法の解釈が簡単に変化するようでは、人々が法を信頼して行動する安定した社会は構築できない。裁判官は、頭の固い頑固親父と言われるくらいの、保守的な姿勢であるのがよい、というわけである。

むろんそんな頑迷な態度では、法が社会から取り残されてしまう、という批判はありうるが、立法者意思説の立場からすれば、もし法律の内容に不都合があれば、法改正すればよい、と反論される。しかしこの反論も、場合によっては、現実離れした建前論で、日本国憲法の改正論議の例を思い起こしてもらえばすぐに分かるが、人々や社会に多くの影響を与え、国の方向性を決定する重要な法律ほど、改正反対論は強くなり、政治的には困難になってゆくのである。だからこそ法解釈を通じて、現実に生じている不都合を修正することが認められなければならない、という反論が生まれる。これが**客観説**ないし**法律意思説**とよばれるもので、上記の立法者意思説はこの立場から批判される。

客観説ないし法律意思説　たしかに社会は日々変化し、進歩している。何十年も前に制定された法律が後の世代の人々を呪縛し、拘束し続けるのは不合理であるとも言われる。[8] また法律とは、いったん制定されれば、それは立法者の意思や手を離れ、独立して歩み、成長していくものだとも言われる。それはちょうど音楽の指揮者が、過去に書かれた楽譜の内容にしたがい、奏者に演奏させるけれども、その音楽を力強く、あるいは柔らかに、あるいは軽妙に演奏させるかは、指揮者の自由な解釈に委ねられるように、楽譜の解釈には幅があり、唯一の正しい演奏が存在するわけではないのと同じだとされるのである。法律も制定された瞬間から、それぞれ独自の意思をもち、社会的現実の中で自らを変化させ、対応させて生きていく、と説かれる。重要な法律ほど、頻繁な改正は、政治的に難しくなるから、法律自体が一つの意思をもつかのように、自らの内容を微妙に変化させ、発展するかのように、解釈は柔軟におこなわれなければならない。

この法律意思説の短所は、立法者意思説の長所の裏返しである。余りに柔軟な解釈が許されるなら、法の基準は絶えず変わり、自由の砦になることも、権力の行使を制限することもできなくなる。法は「必要

(8) この批判は、日本国憲法の改正条項のような、特別多数決を採用するルールに特に当てはまる。日本国憲法に定められる改正手続きは、国民投票の前に、国会による改正発議を求めているが、その発議には、総議員の三分の二以上の賛成を必要としている（憲法九六条）。この規定の意味するところは、過半数の議員が欲していても憲法改正の発議を阻止できるということである。これは多数者意思が、過去の立法者の意思によって抑えられることがあるのを認める規定といえる。

性」を理由とする、権力者の便宜的な道具とされてしまいかねない。

結局のところ、この二つの学説の対立は、分かりやすく図式化したものにすぎず、どちらかの立場が絶対に正しいといった硬直的な評価をするべきではない。法の解釈者は、あるときは立法者意思を重視し、別の場合には時代に適応した法律意思を尊重するなど、ケースバイケースで選択している。憲法解釈については立法者意思説を採り、柔軟な解釈を批判する論者だからといって、他の論点でいつもそういう解釈をするわけではないのである。

4. 法解釈の主体

(1) 有権解釈と学理解釈

以上、法解釈の方法や技術、方向をめぐる対立について説明したが、最後にもう一つ付け加えておくことがある。それは誰が法を解釈するのか、という法解釈の主体にかかわる区分である。法の解釈はこれまで述べてきたように、様々な結論の出し方が可能で、どの解釈が適切であるか、意見の対立が生じる。したがって重要なことは、何が正しいかをめぐって延々と論戦を続けることではなく、どの解釈が有効なのかを最終的に確定することである。この確定をおこなう客観的な権威がなければ、法律上の解釈に争いがある場合、国民はどの解釈にしたがって行動すればよいのか分からなくなってしまう。この法律はこのように解釈し、今後、この解釈を前提に、判決や処分が下されるということが、客観的に、明確にされること、こうした解釈の客観性がなければ、法秩序は成立しない。

ある一つの法解釈について、客観的に有効なものとして、人々を実際に拘束する権威をもつ解釈を**有権解釈**という。これに対して学会の権威である有名大学の教授が、この法律はこう解釈すべきだ、といくら説得的に論文や著書で主張したところで、それはその先生個人の主観的見解にすぎず、客観的には何の効力もないから、人々はその解釈に拘束されることはない（ただし、その学説の説得力によって、やがて判例に採用され、その学説が有権的な効力をもつことはある）。このように、学者が学理的な立場から解釈したものは学理解釈と言われる。国家機関による有権解釈については、裁判所による司法解釈、行政機関による行政解釈、立法者自身による立法解釈（憲法解釈も含む）がある。以下、順に説明していこう。

(2) 有権解釈の種類

司法解釈

裁判官は、適用する法令について解釈をおこなう有権解釈者であるが、これは特に司法解釈とよばれる。ただ、その解釈をした裁判官が、下級裁判所の裁判官である場合、判決の前提となった法解釈は、上級裁判所で破棄され、他の解釈に取って替わられる可能性があることは当然である。憲法八一条の定める通り、日本の法令について、最終的な有権解釈をおこなう機関は最高裁判所である。

ところで裁判所が過去の事件について下した判例、特に結論に至る理由の部分は、後の裁判所の判決を指示する事実上のルールとなる。最高裁の判例は、それに反する内容の下級審判決を覆す力をもつ点で、下級裁判所を事実上強く拘束する。このため、最高裁の判例は、今後の日本の裁判所の判決を予測する重要な要素となる。実定法の学習に際し、判例を読み、研究することは非常に重要な作業となる。ただし、有権解釈をおこなう機関は裁判所だけではない。

行政解釈

法律を執行する行政機関も有権解釈の主体である。行政機関は日々法令を適用する立場だから、その適用に際して一定の法解釈をおこなうし、その解釈は客観的な効力をもつものとして通用する。たとえば薬事法という法律がある（正式には「医薬品、医療機器等の品質、有効性及び安全性の確保等に関する法律（昭和三五年法律一四五号）」という）。これは国の薬事行政の基本となる法律だが、薬事法の規定だけで薬事行政に必要な事柄すべてを網羅できるわけではない。また場合によっては行政の現場の判断に委ねる方が適切に対処できることもあるから、薬事行政にかかわるルールすべてを法律で規定するべきでもない。そこで、薬事法をどのように運用するかについて、行政が内部で行政立法とも言われる命令を定めるのである。たとえば薬事法二条四項では次のように規定されている。

「この法律で「医療機器」とは、人若しくは動物の疾病の診断、治療若しくは予防に使用されること、又は人若しくは動物の身体の構造若しくは機能に影響を及ぼすことが目的とされている機械器具等（再生医療等製品を除く。）であつて、**政令**で定めるものをいう。」（太字筆者）

つまり薬事法にいう「医療機器」とは何か、という疑問に対しては、法律ですべてを規定せず、薬事法施行令という政令によって指定することが法律によって認められているのである。これは「医療機器とは何か」という解釈問題について、薬事行政をおこなう行政機関が、所管する法律を執行するために、法律内容の解釈として政令を制定しているのである。こうした行政上の命令（政令や省令）も、法律の内容を解釈する有権解釈の一つとして、**行政解釈**とよばれる。ただし、行政解釈は最終的な法解釈ではない。法治行政の原則上、命令は、法律に反しない限りで有効であるが、命令が法律に違反しているかどうかを最終的に解釈するのは裁判所である。現在の日本国憲法秩序では、裁判官は行政解釈には拘束されることはない。

さきほど、法律の勉強に際して、判例を学ぶことの重要性について述べたが、じつは判例だけでなく、その法律を行政が解釈した結果としての命令を理解することも、その法律運用の全体像を知るためには必要である。携帯用の学習六法全書には、命令は掲載されていないが、専門の法律を本格的に勉強するようになったら、関連する行政の規則にも目を配っておく必要がある。

立法解釈

最後に立法解釈である。これは法律の解釈について、立法府自身が解釈を指定するものである。たとえば行政手続法（平成五年法律八八号）という法律がある。ここでは第二条で、行政手続法に出てくる用語の定義を法律が自ら示している。一号では法令について、

「法令　法律、法律に基づく命令（告示を含む。）、条例及び地方公共団体の執行機関の規則（規程を含む。以下「規則」という）をいう。

と、このように定義している。何が「法令」に該当するのかという問題について、法律自らが、あらかじめ定義的に解釈を下し、混乱がおきないようにしている。

立法解釈に関しては他に、立法機関自身が示す、憲法典の解釈も重要である。日本国憲法第一〇条では「日本国民たる要件は、法律でこれを定める」としている。誰を日本国民の資格をもつ者として定義するかは、憲法典自身が、立法による解釈に委ねているのである。これを受けて国会は、国籍法（昭和二五年法律一四七号）を定め、第一条では「日本国民たる要件は、この法律の定めるところによる」と規定する。これも憲法で規定される「国民」を、立法機関が法律という形を取って解釈しているのである。

先ほど、縮小解釈の例として憲法九条と自衛隊法（昭和二九年法律一六五号）との関係について触れた。憲法九条二項の「戦力の不保持」にかかわる政府の統一見解（「自衛のための必要最小限度の程度を超えない」ものであれば、戦力には該当しないとの国会答弁）も、憲法典の解釈を示す、行政解釈の一例である。そして政府は

その見解にしたがい、自衛隊法等の防衛関連法案を作成し、国会はこれらの法案を成立させている。つまり憲法典に規定される戦力の解釈については、政府による行政解釈が法案の前提としてまず存在し、またその解釈にもとづく法案が国会で成立したことで、立法府も政府による戦力の解釈を承認したという関係にある。

むろん憲法や法律についての最終的な有権解釈権は、最高裁判所に属する。もし最高裁が、これら一連の防衛関連立法を、憲法違反であるとする判決を出せば、これまでの政府と立法府による解釈は、法的な客観性を失い、無効となる。しかし実際のところ、最高裁は、自衛隊法にかかわる憲法判断を回避しており、明確に憲法違反であるとは宣言していない。したがって、その限りで政府と国会による憲法解釈は、(最終的なものではないにせよ) 有権的な解釈として通用し、その解釈を前提に制定された法律も、一応は憲法に適合したものとして扱われているのである。

第二章　法令の構造としくみ

1. 成文法主義

前章では法の解釈について説明したが、そこで解釈される「法」や「法律」とは何なのだろうか。一般的には法とは、六法全書に掲載されている、文字によって書かれた法規範、特に制定法がイメージされる。しかしこのイメージは必ずしも正確なものではない。「法を解釈する」という表現は一般にもよく使われるけれども、法とは本来、実定法規の文言の意味を明らかにし、実際に裁判所なり行政の現場で適用され、実現されるべき結果であると考えることができる。法令集に書かれた条文とは、法を実現するための素材にすぎないともいえるのである。

近代国家は成文法が中心である

この出発点となる法の素材を、慣習のような不文律ではなく、文字にして明らかにしておくというやり方を、わが国やヨーロッパ大陸諸国は法秩序の基本に据えている。この考え方にしたがって法体系を構築する考え方を**成文法主義**という。法の歴史を見るなら、国会のような専門の立法機関が、成文のルールを法律として制定するようになるのは、社会の合理化を自覚的に進めようとした近代以降のことである。それ以前には、成文の法律も存在はしたにせよ、文字を使わない暗黙のルールや慣習が法秩序全体の中では大きな比重を占めていた。近代の法治国家は、過去の慣習的なルールや習俗、カリスマ的な権威をもつ独裁者の言葉をそのまま法にするような体制ではなく、文字によって明確に表現された法律（成文法）を中心に、統治や裁判をおこなうべきものとしている。

不文法と判例法主義

こうした歴史の経過を見ていくと、一般に、成文法主義を採用するのが、近代の法治国家の特徴であるかのように考えがちである。しかし成文法を法秩序の中心に置くことをせず、コモンロー common law と言われる、過去の判例や慣習を法秩序の中心に置くイギリスやアメリカのような国もある。これらの諸国は成文法主義と対立する、**判例法主義**という法体系を採用している。(1)ただし、成文法主義の国だからといって、慣習や判例によって形成される不文法がその国にまったく存在しないわけではない。また判例法主義を採用する今日の英米圏も、成文法主義の国々と同じように、今日では議会でおびただしい立法がおこなわれている。ではなぜ英米では成文法主義と言われないのかといえば、これらの国々では、法秩序を形成する重要な原則が、中世以来の判例や慣習の形を取っているからである。

これに対し、近代化以前の、不明瞭な慣習や判例を革命で破壊し、立法府で明確に表明された成文法のみを**法源**として、法体系の中心に据えようとしたのが、革命国家フランスであり、またその影響はヨーロッパ大陸諸国に及んだ。明治になって近代化への歩みをはじめたわが日本は、法体系や法治国家のモデルを、ドイツやフランスを中心としたヨーロッパ大陸諸国に求めたため、日本はヨーロッパ大陸の法体系を継受し、立法や解釈の実務も、成文法主義を前提としている。

法律解釈の結果としての命令、判例

こうした歴史的背景もあり、わが日本の場合、法とは第一に、成文法である国会制定法としてイメージされるのは自然なことといえる。しかし最終的に重要となるのは、そうした法律がどのように解釈され、実際に適用されるのか、という法の実現形態である。このためには裁判所による判例や、行政の制定した命令や、過去の処分例を知る必要が出てくる。学習用の携帯型六法全書には、重要判例の要点を掲載したものもあるが、行政による命令はほとんど収録されていない。職業人となってから、それぞれの業界を規律するルールを知るためには、法律はもちろん、行政による命令や規則も知っておかなければならないことは多い。これらを総称したものが通常、**法令**(2)とよばれる。成文法主義を採用する日本では、この法令とよばれるものが法実務の中心となる。

2. 法令の公布　その歴史と運用

(1) 法律が施行されるまで

成文法主義を採用する日本においては、国会の制定する法律や行政の制定する命令が、法の主要な源泉(法源)となる。国会に提出された法案が法律となるには、衆参それぞれの議院で、出席議員の過半数の賛成を得ることが必要だが(憲法五六条二項)、これだけで法律がその日から効力を発するわけではなく、実際に行政機関が拘束力ある法として適用するまでに、まだいくつかの段階を踏む必要がある。

(1) イギリスのような不文法を中心とする法体系をもつ諸国は一般に、英米法系を採用した国と表現される。英米法系は、イギリスの帝国主義的発展に伴い、アメリカ、カナダ、オーストラリア、さらに旧イギリス植民地であったインドなどにも広まっている。しかしアメリカ合衆国は成文の憲法典をもつが、イギリスには成文の憲法典がないように、各国によって違いはある。

(2) 「法令」という言葉と混同しやすい言葉として、かつて「法例」という法律があった。この法律は現在では「法の適用に関する通則法」(平成一八年法律七八号、略して「法適用通則法」という)という名に改称され改正された。法の適用に関する通則を定めるルールであり、国際私法の分野での重要法律である。

行政機関が法律を執行するための準備　国会で成立した法律を実際に適用する主体は、立法府ではなく、行政組織や裁判所である。したがって法律が有効なものとして実際に効力をもつには、今後責任を以てその法律を適用する、ということを行政機関が内外に示す必要がある[3]。また法律は、必ずしもその法律単独で運用されるわけではなく、その法律を所管する省庁が、実際にその法律を執行するためのルール（命令）を制定することが必要となる場合もある。また、法律を適用するには、その法律の存在と内容が国民に周知されなければならない。国民の知らないうちに法律が成立し、内容も知らされないまま、国民を拘束することができるならば、そもそも法律を制定する意味がないし、それは法治国家とはいえない。その意味で法律を一般に周知する**公布**という手続きも重要な意味をもつのである。

法律への署名　成立した法律を行政機関が適用する責任を示す形式として、明治憲法下では、天皇が署名し、国務大臣がそれに副署するという形でおこなわれてきた（明治憲法五五条二項）。現在の日本国憲法では、法律と政令を所管する主任の国務大臣が**署名**し、内閣総理大臣が**連署**することとなっている（憲法七四条）。いずれもここで、所管する行政機関が責任をもって法律を執行することが明らかにされるのである。

行政立法の制定　またその法律を執行するために、行政機関は**政令**や**省令**（府令）といわれる命令（行政立法）を制定する。政令とは、内閣が定める行政立法で、省令と府令は、各省と内閣府が発する命令を言う。これらの命令で、実際にその法律を執行するための詳細の事項が定められる。

公布の手続き　法律が効力を有するには、さらに**公布**の手続きが必要である。日本国憲法下では法律に対する天皇の署名という手続きはなくなったが、憲法改正、法律、政令、条約については、天皇がこれらを公布するという形式を取っている（憲法七条一号）。この手続きによって、法令は公開性という、法が法であるために必須の属性を得るのである。

(2) 旧公式令

こうした一連の手続きは、日本国憲法が制定される以前は、天皇の発する文書の形式を定める「公式令」という勅令で統一的にまとめられていた。その前身としては明治一九年、つまりまだ明治憲法も成立していない時期に、「公文式」という名称で制定され、この公文式が、明治四〇年には「公式令」と改称され、法律、勅令、詔書、勅書、条約など、様々な種類の法規範を定めた。公式令はその他にも、貴族の爵位（侯爵、公爵、伯爵、子爵、男爵）の取り決め、親任式における官記（任命書）の形式などを定める命令でもあった。

公式令の存在は現在の憲法や法律でも確認できる

明治憲法下での法令の公布手続きである公式令について、なぜ説明するのかと言うと、明治憲法下で成立した法令でも、現在有効なものとして通用している法令も少なからず存在するからである。特に憲法や民法、刑法など重要法律については、その冒頭部分に記載されている文言の意味も、法の歴史を語るものとして理解しておくことは必要と思われるからである。公式令の存在を意識すると、法律の冒頭に掲げられた文言から、その当時の雰囲気をいくらか想像できる。

まずは日本国憲法典の冒頭部分を見てもらいたい。日本国憲法は、明治憲法下で定められた手続きと形

---

(3) 憲法七三条一号は、内閣の職務として、「法律を誠実に執行」するべきことを定めている。しかし正確には「誠実に執行させること」であり、「執行すること」ではない。実際に執行するのは各行政機関であり、内閣は行政機関を監督する立場なのである。

式を踏んだ「改正憲法」として制定されたものなので、その制定手続きも、当時の公式令に則している(4)。日本国憲法の冒頭部分には、このように書かれている。

「朕は、日本国民の総意に基いて、新日本建設の礎が、定まるに至つたことを、深くよろこび、枢密顧問の諮詢及び帝国憲法第七十三条による帝国議会の議決を経た帝国憲法の改正を裁可し、ここにこれを公布せしめる。」

同様に、明治二九年成立の民法は、文語体だが、冒頭に天皇の言葉が書かれている。

「朕帝国議会ノ協賛ヲ経タル民法中修正ノ件ヲ裁可シ茲ニ之ヲ公布セシム」

こちらはかなり実務的であり、簡潔である。刑法も同様の文言があるので確認してほしい。

これらの文言はいずれも、公式令に定められた「**上諭**（じょうゆ）」が表現されている部分である。公式令第三条一項の「帝国憲法ノ改正ハ上諭ヲ附シテ之ヲ公布ス」、公式令第六条「法律ハ上諭ヲ附シテ之ヲ公布ス」との規定によっているのである。

明治憲法下でも法案の成立には帝国議会での議決が必要だが、立法権の主体は天皇にあるとされたから（明治憲法五条）、「天皇ハ法律ヲ裁可シ其ノ公布及執行ヲ命ス」（明治憲法六条）とされた。その証明として、日本国憲法を例に取ると、上諭の後の「御名御璽」と日付が記されている。

その後、内閣総理大臣兼外務大臣吉田茂、国務大臣　男爵幣原喜重郎、と戦後の日本政治史に残る大臣たちの名前が続くが、これは天皇の署名に対し、国務大臣が**輔弼**（ほひつ。今日でいう補佐）の責任を示した**副署**と言われる署名である。天皇が法案の裁可をしたことについて、大臣がその政治的責任を負うことを明らかにしている。法律勅令その他の国務に関する詔勅はすべて、国務大臣の副署が必要とされた（明治憲法五五条二項）。

ただ、注意してほしいのは、手続きに関わるこの部分は、法律が、法律として裁可され、公布されたことを示す形式であって、法律そのものではないということである。六法全書に出ている「日本国憲法」の部分をもう一度見てほしい。天皇の上諭と署名、各国務大臣の副署の後に、小さな文字で日本国憲法、という表題があらためて記載されていることが分かるだろう。つまり法規範としての日本国憲法そのものは、じつはこの小さく書かれた表題の部分から始まる。それ以前の部分は日本国憲法の内容ではなく、憲法の公布に必要な、政府内部での手続きが表示されたものなのである。この小さな文字で書かれた表題の次に、日本国憲法の前文があり、その後に一条以降の本文が続くという形である。

法律をめぐり立法府と行政機関が衝突するという事態

公布の手続きが必要になる理由はすでに説明したが、どんなに立派な内容の法律が制定されようと、執行機関である政府がこれを放置し、適用しなければ、法律は絵に描いた餅である。だから内閣には、法律を誠実に執行する責任を負うことが、憲法でも規定されている（憲法七三条一号）。立法には必ず、執行機関である政府が、これを今後政府が適用するべき法

（4）もっとも日本国憲法の成立については、このような改正手続きにかかわらず、主権の主体が天皇から国民に変更された点で、改正の限界を超えており、法的には無効とする学説が学界では強い。この立場から日本国憲法の制定を正当化するのが、宮沢俊義東京大学教授によって説かれた「八月革命説」である。この学説によれば、日本はポツダム宣言受諾時に法的に革命がおこなわれ、日本国憲法はそれを背景とした革命憲法であり、明治憲法とは無関係の憲法として理解される。しかしこれはあくまで一つの学説であって、実務的には全面改正された憲法と位置付けられる。

律と認めます、という手続き形式が求められるのである。

この微妙な距離感は、成立した法律について、政府と立法府が政治的に衝突することが時としてあることからも理解できる。法律によっては、とてもその内容の法律を、責任をもって執行することはできません、と行政機関が抵抗するような場合もあり得る。特に予算措置が必要となる法律については、国の財政との相談が不可欠だが、理論上、独立した立法府はそうしたことを配慮せずに法律を制定することも可能である。そこで諸外国では、政府の側に、そんな内容の法律は有効な法律としては認めないし、適用もしませんよ、として執行を拒否する権限が認められている場合がある。有名な例としては、アメリカ合衆国大統領の拒否権（veto）がある。(5) 日本でも明治憲法下では、法案の成立には天皇の裁可が必要とされたので、裁可を拒否する、ということも理論的には可能であった（実際には裁可が拒否されたことは一度もなかった）。

日本の場合、国会に提出される法案の九割以上が内閣提出法案であるから、もともと政府の意向に反する法案が国会に提出されることは少ないし、さらに日本国憲法の場合、政府の中核である内閣は、国会内の多数派政党によって形成される議院内閣制なので、国会と政府が正面から対立し、政府が法律の執行を拒否するといった事態はそもそも考えにくい。しかし政権交代が起こるような場合、与野党の勢力が入れ替わる前の国会で制定された法律について、新政権が執行を拒否したり、サボタージュしたりすることは政治的には十分考えられる。法律の誠実な執行義務を定める憲法七三条一号の規定はこの場合には大きな意味をもつ。

公式令の廃止とその慣行　話を戻すと公式令については、戦後の昭和二二年に、「内閣官制の廃止に関する政令（昭和二二年政令四号）」により廃止された。これは当然のことで、天皇が署名、裁可し、大臣が副署するといった政府内の手続行為は、新たに成立した日本国憲法の構造とは一致しないからである。また華族令や貴族院も廃止された以上、爵位という貴族の位についての規定も不要になった。公式令は勅令で定められていたから、勅令と同次元の法的効力をもつ「政令」によって、廃止されたのである。

その後、この公式令に当たる政令は、新たに制定されることのないまま、現在に至っている。公式令が、大日本帝国憲法の構造に合わせて作られたものであった以上、今度は日本国憲法の構造に合わせて作り直されてもよさそうなものであるが、もともと公式令は統治権者である天皇の発する文書の形式を定めるという意味をもっていたから、発想そのものが現行の憲法構造にはそぐわないとも考えられる。しかし現在でも、天皇の親任を必要とする認証式など、現行憲法の条文や構造に反しない限りで、当時の公式令のルールが不文の慣行としておこなわれている。

(3) 法令公布の形式　官報と法令全書

公式令の有無にかかわらず、法令が行政や司法によって執行されるためには、**署名や公布**の手続きが不可欠である。それらの手続きは、むろん現在の日本国憲法にも規定されているが、仮に憲法にこの手続きが規定されていないとしても、法が法としての効力を有するには必要な手続きであると学問上は考えられる。

では法令の公布とは、何を以て行われたとされるのだろうか？　憲法七条一号は、天皇の国事行為とし

(5) 大統領は連邦議会で成立した法律について、執行を拒否する拒否権を発動することができる。ただし、上下両院による三分の二以上の賛成を得た再可決によって、大統領の拒否権は覆されるので拒否権と言っても完全なものではない（合衆国憲法七条二項）。

て「憲法改正、法律、政令及び条約を公布すること」を定めている。これは象徴的な意味をもつ形式だが、日本国憲法の公布記念式典のような事例を除けば、一般国民には、天皇がいつどんな法令を公布したかはほとんど分からない。新税を導入するような、メディアで話題となるような立法や法改正は、多くの人に周知されるけれども、私たちの身近な暮らしとは縁遠く、メディアでもほとんど触れられない分野にかかわる立法や改正も毎年大量に行われている。国民はどうやってそれを知ればよいのだろうか。

官報の意義

この役割を果たすのが「官報」といわれる、政府発行の新聞である。官報は国立印刷局を通じ、内閣府が発行している。明治維新のはじまった慶応四年から「太政官日誌」として、また明治一六年からは、現在まで続く「官報」の名称で、官公庁が閉庁される日以外、毎日発行されている。現在、官報に関わる事務は「官報及び法令全書に関する内閣府令」（昭和二四年総理府・大蔵省令一号）という府令によって定められている。

官報は大きく、「公文」と「公告」に分かれ、公文で、法律や政令、条約、省令・府令等、決定し、公布された法令が掲載される。また政府内の人事異動や叙位叙勲褒章なども掲載される。公告は、破産宣告や失踪宣告など、公に示すことが法令で定められている事項を示す。政府から毎日発行される、この官報に掲載されたことを以て、法令は新たに国民に周知されたとみなされるのである。つまり国民個々人は、個々の法令の制定や改廃について、現実には知らなくても、官報に掲載され、官報の入手が可能となった時点で、法令の内容は「知っていなければならない」とされるわけである。

最高裁の判例によれば「法令の公布は、官報をもって行うのが相当であり、公布の時期は印刷局本局又は東京都官報販売所における官報掲示時刻である午前八時三〇分である」とされる（最大判昭和三二年一〇月一五日）[6]。

法の不知はこれを許さず

むろん私たちは実際には、新たに制定、改廃された法令のすべてを知っているわけではない。しかし少なくとも自分の活動する範囲や業務に関して、法令の内容を知り、違反することがないよう、立法の動向を調べておくことは国民の義務といえる。今日の日本で、一般人が日常生活を送る中で、まったく知らない規定によって、不意打ち的に摘発されるような事例は余り考えられないが、ビジネスに関わる分野など、専門的で、詳細な規定がつねに改廃されている領域ではそのような可能性もある。この点で「法令遵守（コンプライアンス）」は、特に現代の企業実務にとっても重要な分野となっている。そして新たに制定された法令の違反で摘発された場合でも、官報を通じて公布されている以上、「私は知らなかった」という抗弁は通用しない。この原則は「**法ノ不知ハ害ス**」とか「**法の不知はこれを許さず**」といった法格言で表現される。法は公開されることで、はじめて法として、人々に遵守を要求できる正当性をもつことができるし、いったん公開されたとみなされれば、その後は「知らなかった」という言い訳は通用しない、というのが原則である。だからこそ、国民一般が知ることのできない状態に置かれたルールは、本来の意味での法とよぶことはできないのである。官報による法令の公布は、法に生命を与えるための最後の仕上げとなる手続きといえる。

官報を読むには

ところで官報は内閣府の発行する新聞であるから、もともとは紙媒体で発行されている。誰もが有料で購読できるが、官報の販売目的はむろん営利ではなく、法令等を周知す

（6）ここで記されている「最大判」とは、「最高裁判所」「大法廷」「判決」の略である。大法廷で取り扱うのは、最高裁判所裁判官全員が参加し、法令が憲法違反かどうかの判断や、過去の最高裁の判例を変更するような重大な場合であり（裁判所法一〇条）、開廷の回数は年に数回程度である。そうでない場合には五人の最高裁裁判官で構成される小法廷で取り扱われる。また「判決」ではない「決定」もある。

ることにあるので、官報を買わずに、国立印刷局や官報販売書で掲示されているものを見てもよい。また電子化の進む今日では、国立印刷局のサイトである「インターネット版官報」でも配信され、一般に閲覧できるようになっている。インターネット配信の場合、法令に関しては平成一五年七月一五日以降のものが無料で閲覧でき、またその他の記事も直近三〇日以内の分についてはすべて無料で閲覧できる（令和三（二〇二一）年一月現在）。

法令全書　官報はあくまで毎日発行される新聞の一種である。そこで、いつ、どのような法令が公布されたか、これを後になって調べることができるようにしておく必要もある。特に改正が繰り返される法律では、いつの時点で、どのように改正されたのかを知りたい場合、その当時の法令の内容を収録した官報を確認するのが最も確実である。そこで政府は、官報と同じく、「官報及び法令全書に関する内閣府令」にもとづき、一か月分の官報を収録した「**法令全書**」を毎月二五日、前月に公布された法令を収録し発行している。これはいわば六法全書に収録される以前の、法令集の原典ともいえるものである。こちらも電子化の流れを受け、現在は国立国会図書館のサイトで、閲覧することができるが、一度図書館に行き、明治以来刊行され、書棚にズラリと並ぶ重厚な法令全書を手に取って確認してみてほしい。

法令番号の意義　ところで法令全書は、同じ名称の法律が何度も改正されているような場合に、それ以前の内容を知るのにも有効だと述べた。そもそも法令はその名称だけでは十分に区別できないという場合も少なくない。制定以来、一度も改正されていない法律というものもあるが、六法を構成する重要法律である民法や刑法でも、これまで何度も部分的な、または大がかりな改正が行われている。

民法典の最初のページを見てほしい。そこにはこれまでの改正の経緯が記されている。明治以来、民法改正は繰り返され、その経緯が表題の後に、「改正」として「明治三一年法九」などと記載されていることが分かる。最近の改正としては「民法の一部を改正する法律」（平成二九年法律四四号）によって、債権法の部分が大改正された。「民法にはこう書かれている」と言えば、一般には最新の法律内容を意味するが、いつの時点のものを想定するかによって内容は変わってくる場合がある。それを明確にするためにも、法律には正式名称や略称の他に、「令和〇年法律××号」という形で、法律の公布された年月日と共に、その年の号数で確定できるようになっている。このように公布の年月日と番号を付けて特定する方法は、国会制定法としての法律だけでなく、政令や省令のような政府の行政立法にも付けられ、確認できるようになっている。またこれが分かれば、法令全書を検索し、すぐに目的の法律の内容を確認することができる。

3. 法文のしくみ

(1) 本則と附則

ここまでは法令の公布に関する説明をしてきたが、いよいよ法律の本体に入っていくことにしよう。

法律の略称

法律の最初にその法律の表題が書かれることは言うまでもない。民法や刑法のような法律については特に略称というものはないが、たとえば「不正アクセス行為の禁止等に関する法律（平成一一年法律一二八号）」とか、「配偶者からの暴力の防止及び被害者の保護等に関する法律（平成一三年法律三一号）」のように、「〜に関する法律」という名称が付けられることが最近では多くなっている。上記の法律は、通常は「不正アクセス禁止法」、「ＤＶ防止法」と略してよぶことが多い。こうした名前の法律は、引用などする場合には、最初に正式名称を書き、その後は断っておけば略称で十分通用する。

ある程度の規模の大きさの法律になると、目次が附されていることが多い。目次があることで、必要な条文を短時間で見つけることができるのでこれも活用してもらいたい。その後に**本則**とよばれる本文が来るのが通常だが、日本国憲法典の場合には前文があり、その後に本則が一条、二条と並べられていくことになる。

附則とは何か

本則が終了した後に附せられるのが**附則**である。附則も法令の理解にとっては重要になる場合がある。附則はその法令をいつから適用するかといった施行期日や、施行期日までの間、具体的にどの規定が適用されるかを決める**経過措置**が定められることが多い。また新法令が成立したことを受けて、関連する法令の改正や廃止が必要となる場合もあるので、このことも附則で詳細に定められる。

ちなみに日本国憲法典には、「附則」は付けられていないが、附則に当たる部分は、独立の章として「第一一章　補則」が設けられている。日本国憲法の成立した（改正された）日は、昭和二一年一一月三日だが、憲法記念日とされているのは、五月三日である。これは日本国憲法の第一〇〇条が「公布の日から起算して六箇月を経過した日」の施行を定めた結果である。一〇一条と一〇二条は廃止される貴族院に代わり、新たに設置される参議院に関する規定である。貴族院は日本国憲法施行と共に廃止され、貴族院議員もその身分を喪失した。このため、参議院が機能するには新たに選挙し直さねばならず、それまでしばらく参議院議員不在の状態が生まれてしまう。このため、この不在の期間は、衆議院一院だけを以て国会としての権限を行使することを規定している。一〇二条は、第一期の参議院議員の半数を任期三年とする規定である。これも、参議院議員は六年任期だが、三年ごとに半数を改選することになっている規定（憲法四六条）を受けて、例外的な措置を規定したものである。そして一〇三条は、国務大臣と衆議院議員、裁判官は、後任者が選挙され、または任命されるまで、新憲法成立後も、それに相応する地位を喪失しないことを定めている。

これらの規定はいずれも、施行に伴う法律的な環境の変化を整理するためのもので、今となっては意味をもたない、歴史的な規定であるが、新憲法典がどのような経緯で成立し、当面の混乱を整理したかということが後の時代から見ても分かる。

民法の施行にかかわる混乱　新法の制定にかかわる施行に関して、もっと複雑になっているのは民法である。民法が帝国議会で成立したのは明治二九年だが、じつはそれより以前に、別の民法案（現行の民法と対比して旧民法とよばれる）が、明治憲法成立とほぼ同時期の明治二三年に成立していた。しかし当時、民法の規定は我が国の国情に合わないとの反対論が強くなり、施行か延期かをめぐり、政治家や法律家だけでなく、国民世論全般を巻き込んだ大論争となった（いわゆる**民法典論争**）。この論争は最終的に延期派が勝利し、それによって批判を受けた箇所が修正され、あらためて明治二九年に法案が議会で成立するのである。そうした経緯も反映して、附則で定められるべき民法の施行規定は、改正法では規定されず、**民法施行法**という別の法律によって明治三一年に定められた。刑法では施行期日について、本文に入る前の上諭にあるように「勅令ヲ以テ之ヲ定ム」とし、政府の裁量が大きく認められたが、この点、民法とはきわめて対照的である。民法の導入が当時、いかに社会的に大きな影響があったかを物語っている。

戦後の民法大改正　六法全書に掲載されている現在の民法典には、昭和二二年の附則が付けられている。これは日本国憲法成立を受けて、民法典が、特に親族・相続法（第四編と第五編）を中心に、大改正がおこなわれたことを反映している。明治民法での家族制度は、家長とも言われた戸主の権利を前提としたもので、この前提が日本国憲法の個人主義とそぐわないものとして廃止された。この改正を受けて、民法改正法の中に、附則が付けられている。

　ちなみにこの時、民法の第四編と第五編は、日本国憲法と同じく、旧来の漢字カタカナ混じりの文語文から、漢字とひらがなによる口語文にあらためられた。しかし第三編までの総則と財産法の諸規定に関して全面改正はおこなわれなかったので、ここまでは旧来の文語体の文章がそのまま残された。同一の法律内での、文語文と口語文との併存は、平成一六年の民法一部改正法（法律一四七号）で全面口語化・簡易化の改正がおこなわれるまで続いた。総則や財産法の部分は、戦後も何度か大きな改正を経験しているが、全面改正ではなかったので、この部分は戦後になっても、明治以来の文語体の表現で改正の法文が作られ続けたのである。私が法学部の学生になったのは八〇年代終わりだが、その頃の民法はまだ文語・口語併存の時代で、民法の条文を見たとき、不思議な気分と面白さを感じたのを覚えている。

（2）条文の構造

条文の見出し

　さて六法全書に掲載されている法律条文を見ていくと、各条文には、括弧で囲まれた見出しが付けられていることが分かる。この見出しによって、確認したい条文を探すことが容易になるが、じつはこの見出しも、公式令廃止以前の立法には存在しなかった。現在、市販されている六法全書を見ると、公式令廃止以前の代表的な立法である憲法にも見出しは付けられているのだが、これらはじつは、六法全書の編集者が、利用者の便宜のために事後的に付けたもので、正式の条文には存在しないものである。法令関係の専門出版社である「第一法規」や「ぎょうせい」からは、司法試験用六法という、司法試験の出題範囲となる法律を収録した試験用六法全書が出版されているが、ここではオリジナルの条文通り、見出しがなく、通常の六法に慣れた目からすると、かなり不愛想な印象を受ける。私は学生の頃、はじめてこの司法試験用六法全書を見たとき、何とも不親切なものだと感じたが、本来はこの形なのである。

条文の区分け

さて、これから説明することは、今後法律を学んでいくうちに自然に覚えていくものでもあるが、簡単に説明していこう。民法典のような大きな法律では、第一編が総則、第二編が物権、第三編が債権、第四編が親族、第五編は相続、と**編**ごとにまとめられている。さらにその中は**章**、その次には**節**という項目で区分けされている。条文の数字は、章や編をまたいで付される。一つの条文には一つの文、と一条一文主義が一応の原則だが、二つに分かれている場合には、前段—後段、あるいは三つの場合には**前段—中段—後段**と呼ばれている。たとえば憲法一三条を見てみよう。

憲法一三条　すべて国民は、個人として尊重される。生命、自由及び幸福追求に対する国民の権利については、公共の福祉に反しない限り、立法その他の国政の上で、最大の尊重を必要とする。

この個人の尊重を宣言している部分が前段とされ、幸福追求の権利に関する部分は後段とよばれる。また一つの条文の中には、**本文と但し書き**という区分もある。通常、原則となるルールが本文として示され、本文の後に「ただし、〜」(あるいは「但し」)という接続詞で続く文は、原則への例外を示す但し書きと呼ばれる。

民法九三条一項　意思表示は、表意者がその真意ではないことを知ってしたときであっても、そのためにその効力を妨げられない。**ただし**、相手方がその意思表示が表意者の真意でないことを知り、又は知ることができたときは、その意思表示は無効とする。

条、項、号

一つの条文の中には、段落を設けて説明される場合もある。その場合には第一項、第二項、第三項、という形で呼ぶ。六法を見ると、①、②、③という〇で囲まれたアラビア数字が付けられているが、これを第一項、第二項と呼ぶのである。まるいち、まるにとは読まない。ちなみに官報や法令全書、司法試験用六法など、（出版社による編集のない）法令の原本をそのまま示した法文では、第一項を示すアラビア数字①は付けられない。第二項以降、〇で囲まれることのないアラビア数字2、3……が新たな段落の頭に出てくる。

さらに一つの条文や項の中で、箇条書きの形で事項が列挙される場合がある。この場合には箇条書きの頭に漢数字が付けられ、これらは一号、二号、三号……と呼ばれる。

憲法七条　天皇は、内閣の助言と承認により、国民のために、左の国事に関する行為を行ふ。

一　憲法改正、法律、政令及び条約を公布すること。

二　国会を召集すること。

三　衆議院を解散すること。

（以下略）

枝番号による条文の挿入

法律が改正され、新たな条文が付け加わるときは、**枝番号**とよばれる新たな条文を追加的に押し込む手法が取られることがある。既存の法令を改正し、新たな条文を付け加えようとするとき、数字の順を整えるには、追加された新条文に新たな番号を付け、後に続く条文はそのまま番号をずらしていく、という方法が考えられる。だがこのやり方を採用すると、同じ内容の条文でも、改正の前後で条文の数字が変わってしまう。民法や刑法のような主要な法典の場合、たとえば殺人罪は刑法一九九条、不法行為の原則は民法七〇九条と、ある程度法律を学んだ人は、重要条文については数字で覚えている。これがその都度の改正で番号が前後にずれるようになると、数字だけでは専門家同士の話も通じにくくなり、不便である。このため、あえて条文の番号は動かさないようにして、枝番号の形で新条文を挿入し、それ以前からあった以降の条文の番号をそのまま維持するのである。

これだけでは何のことだかよく分からないと思うので、六法全書を開き、確認してほしい。大規模に枝番号が挿入されている例としては、民法「三九八条の二」から「三九八条の二二」までの条文がある。民法三六九条から**抵当権**に関する規定が始まり、これは三九八条で終わる。三九九条からは第三篇の債権にかかわる規定がはじまる。ところが、昭和四六年の民法大改正によって**根抵当権**という新たな権利が抵当権の一種として認められ、その規定が三八八条と三八九条の間に挿入されたのである。根抵当という法制度はもともと民法の条文には規定されていなかったが、民間の取引では、抵当権の規定を使用して、慣習的に根抵当といわれる権利が事実上認められ、これが金融の手段とされてきた。この慣習的に活用されてきた権利を、法制度として明確に規定することになったのが、昭和四六年の民法改正（つまり根抵当に関する規定の追加）である（昭和四六年法律九九号）。このときに、後に続く債権編以降の条文の番号がずれることのないように、新たな条文は、三九八条ノ二、三九八条ノ三から三九八条の二二まで、枝番号の形で新たな条文二一条を一気に押し込んでいるのである。

削除された条文も数字はそのままとなる

これと同じような理由から、何らかの理由で条文が削除された後も、削除された条文の数字がそのまま残される例がある。有名な例としては尊属殺人の重罰化を規定した刑法二〇〇条の条文がある。自分に生命を与えた身分、つまり親、祖父母にあたる身分は尊属とよばれるが、刑法二〇〇条は、尊属を殺害することを特に厳しく処罰するもので、普通殺人の刑が「死刑又は無期若しくは五年以上の懲役」(刑法一九九条)であるのに対し、尊属殺人罪は「死刑又は無期懲役」の刑のみという、非常に厳しいものであった。この規定は法の下の平等を定める憲法一四条の規定に反する違憲の規定ではないかとの批判も現行憲法制定以来あったが、最高裁は長らくこれを合憲と判断してきた。しかし昭和四八年にこの判例が変更され、憲法違反とされた。厳密には「適用違憲」と言って、そのケースについてのみ、刑法二〇〇条の適用を違憲無効とするもので、二〇〇条の条文そのものを無効とまで宣言したわけではなかった。しかしそれ以来、検察庁は尊属殺人に当たる事件であっても、刑法二〇〇条を適用することはやめ、もっぱら一九九条の罪として起訴することで、二〇〇条は死文化していった。一九九条によっても尊属殺人者に死刑を求刑することはできる以上、実務上、特に不都合はなかったわけである。そうした実務の状態を反映して、平成七年の刑法口語化のための大改正の際に、二〇〇条は正式に削除された。現在の刑法でも二〇〇条の数字はそのまま残っているが、「削除」と書かれてあるのを見ることができる。これも条文の番号を維持する工夫である。

同様の大規模な例としては、商法がある。これも六法全書の商法を見てもらいたいが、三二条から五〇〇条まですべて「削除」とある。この部分はもともと商法の中で「会社」にかかわることを規定した部分で、特にこの部分は会社法とよばれていたが、会社法関連は改正も多く、企業のガバナンス強化のルールも増えたことで、複雑化・大部化し、枝番号の数字も非常に多くなっていた。そこで会社法にあたる規定は、商法から分離させ、現在は名実ともに会社法(平成一七年法律第八六号)という名称の、独立の法律となっている(ただ会社法は、手形法や小切手法と同様、広い意味での商法に含まれる)。

(3) 法文の口語・現代語化

この新たに制定された会社法は口語文で起草された。しかしもとの商法の条文は明治以来の片仮名による文語文がなお残されていた。しかし平成三〇年の改正で、残りの部分もひらがなを使用した口語現代文に変更された。これにより、明治以来続いていた基本六法は、すべて片仮名による文語文から、ひらがなによる口語文に改められることになった。

ひらがな表記による法令の制定

法律条文は難しいとよく言われるが、戦後まで法令の条文はすべて漢字片仮名混じりの文語文であった。しかし現行の日本国憲法の制定を機に、政府は「現代かなづかいの実施に関する件」(昭和二一年内閣訓令八号)という訓令を発し、これ以降、新たな法令はすべて漢字とひらがなを使用した口語・現代文で表現されるようになった。立法権の主体は国会であるのに、法律文の表現方法に内閣が口を出して取り決めるというのは一見、おかしなことにも思えるが、日本の法律のほとんどは、内閣提出法案であるのが実情なので、政府部内で「口語文にする」と決定してしまえば、それで事実上、法律の表現を決めることになるのである(訓令が国会を拘束することはないから、国会議員としては、漢字片仮名混じりの文語文による法律案を提出することも理論上は可能であるが、今ではありそうにはない)。

片仮名表記文の改正作業

しかしそれ以後も、現行憲法成立以前の、片仮名による文語文で成立した大量の法令はそのまま効力をもち続けた。これらの法令は、漢文的な教養を背景にした表現が多く、学校で漢文を学ぶ機会の激減した現代の日本人には難読、難字の並ぶ敷居の高いものである。そこで現在も有効に通用している法律については口語・現代語化すべきとの声が強くなっていく。刑法については平成七年に、民法については平成一九年に、全面的にひらがなによる口語化がおこなわれた。またすでに述べた通り、基本六法で最後まで片仮名による文語文であった商法も、平成三〇年に全面的に口語表現に改められた。ただし、広い意味での商法に含まれ、商法の授業でも重点的に説明される手形法や小切手法についてはなお片仮名文語文のままである。

これらの努力の結果、法文そのものは、以前と比較すれば、かなりとっつきやすいものになった。しかし法律学を学ぶ皆さんはそれに安住しないでほしい。というのも、法律学においては、条文を読むだけではなく、過去の判例を学ぶという重要な作業が別にあるからだ。現代語化されたとはいえ、民法刑法その他の重要六法を学ぶ場合、戦前の判例を読む場合も出てくる。その時に文語文なので読めません、では話にならない。初学者にとって文語文で書かれた判例の内容を理解するのは簡単ではないが、文法に限れば、高校時代の古文や漢文よりは易しい。多少時間はかかるかもしれないが、そこは面倒がらずに読んでいってほしい。

4. 六法全書

法律を勉強する上で、まず必要となるのが六法全書とよばれる法令集である。「六法全書」に収録されている法令は六本どころではないが、これを「六法」とよぶのは、市民法とよばれる法体系を採用する大陸法系（それと対置されるのが英米法系）の諸国で、六つの重要法律が法体系全体の骨格を形成しているからである。具体的には憲法、民法、刑法、商法、民事訴訟法、刑事訴訟法である。この近代的な意味での市民法の体系が明確にされたのはフランス革命後に成立したナポレオン法典だが、当初、憲法は入れられず、基本五法という認識であったが、その後、憲法も入れられ、現在は六法となっている。

現代日本では、毎年多くの法令が制定・改正されているが、この六法が市民法体系の中核となる。それ以外の法令は、極端に言えば、六法の規定に対する例外や細則を定めたものと見ることもできる。六法は大木の幹であり、それ以外の法律は幹から枝分かれしていくというイメージである。したがって専門法曹となるための国家試験である司法試験も、試験科目は基本六法であるし、法学部での教育カリキュラムの中心となるのも基本六法である。

法令集としての六法全書　この六法全書に収録された法令の内容は、むろんその都度の改正により変更される。出版社は毎年一〇月頃、最新の改正を反映した法令集を刊行している。学習用の簡便な法令集として代表的なのは、有斐閣の『ポケット六法』、三省堂の『デイリー六法』などがある。本格的なものとしては有斐閣『六法全書』もあるが、こちらは余りに大部なので分冊になっており、役所などで実務的に使用される。

また現在では、総務省による「**電子政府の総合窓口　e-Gov**」というサイトがあり、これによって最新の法令もすぐに検索できるから、ここまで大きな六法を個人的に揃える必要はない。携帯用の六法すら持ち歩くのを面倒がり、スマホで検索する学生も見られるが、やはり重要法令についてはページをめくりながら、法文の全体像を最初は頭に入れておく必要がある。またその都度参照した条文をマークなどしておけば、頭にも入りやすくなり、勉強の効果は上がるだろう。

この学習用六法に、さらに重要法律に付随する判例を載せた「判例付き六法」というタイプの法令集も出版されている。条文ごとに、重要判例が簡略にまとめられている。重要判例は勉強の過程で、頭に入れておくべきものだが、判例付き六法は復習や整理のためには有用である。ただし、試験では判例付き六法は持ち込み不可とされることが多い。試験出題者の立場からすれば、カンニングのような形になってしまうからである。

法令集に関しては、以上のように、改正を反映し、毎年新たに出版されるタイプのものの他、主に実務家を対象として、加除式によるタイプのものもある。法令改正に応じて、改正部分だけを利用者がファイルで差し替えできるようにして、出版社が部分的に販売するタイプのものが、加除式六法といわれるものである。これなら改正法だけ、必要な分のみの購入になるので余計な出費を抑えられる。海外では、この加除式による法令集も多いようである。

分野別の六法全書

ところで分厚く見える学習用六法だが、じつは日本全体の法令の数からすればほんの一部にすぎない。また学習用六法は、法律の収録が中心であり、政令や省令など行政立法の収録はほとんどない。しかし実務用としては、これでは不十分で、関連する領域の実務家は、法律だけでなく、それに関連する命令等も確認する必要が出てくる。そうした各分野の実務家の要請に対応するために、それぞれの専門領域の名前を関した、特定分野に特化した法令集がある。たとえば、医療や医事法の実務家の要求に応えるために『医事法六法』とよばれる法令集はいくつか出版されているし、教育関係者のための『教育六法』、知的財産法の実務家のための『知的財産六法』、建設関係者のための『建設六法』、労働問題専門家のための『労働六法』……など、無数の専門分野に特化した法令集がある。これらは基本六法と、関連領域の詳細な法律に加え、政令、省令、さらに行政機関の解釈を示す国会答弁なども詳細に収録しているのが特徴である。皆さんも特定分野の実定法を深く研究するときには、この種の書物を入手し、参照する必要が出てくることもある、ということを知っておいてもらいたい。

第三章　実定法はどのように分類されるか
――法体系を可能とする諸区分――

1．法をどのように整理するか

(1)「法化」社会

前章では、法令が成立し、実際に施行されるまでの流れを説明したが、初心者として法を学ぶ学生にとってみれば、様々な名前の法律が次々に出てくるのを見て面食らう人もいるかもしれない。一体これらの法律をすべて頭に入れなければ法を学んだことにならないのか、行き当たりばったりのように、様々な種類の法律を出されても整理に困る、このような感想を抱かれるかもしれない。

膨大な法律　たしかに現代国家が有する法令の数は膨大である。命令とは別に、法律だけに限定しても、現在日本では二〇〇〇本を超える。(1) むろん廃止されたものは含まれていないし、何度も繰り返し改正されている法律は同じ名称だから一本と数えられるが、毎期の国会で制定され、改正される法律の本数は延べ数で見れば膨大なものになる。令和二年に関して言えば、総数で七九本の法律、一四本の条約が公布されている。(2)

(1) 総務省の法令検索サイトe-Govによれば、令和三年一月現在では二〇五一本、政令の数は二二一〇本である。

簡単に七九というが、それぞれの法律の制定や改正にはすべて、それを必要とする社会的背景やそれ以前に妥当していた法律の問題があり、またその問題に対処するための複数の選択肢や関係者の様々な利害得失が考慮されたことの結果として生まれたものである。重要法律であれば、法務省での審議会で学者の意見も聴取され、多くの利害関係者や個々の政治家の意見、官庁の見解が錯綜し、一部は切り捨てられ、一部は立法に反映されていく。新法や法改正の必要を訴える民間の団体が何年、何十年にもわたり、官庁や国会議員に陳情や運動を重ね、ようやく立法として実を結ぶものも少なくない。そうした多くの人々の苦労や無数の利害、正義への思いの結晶として、法律の一言一句が生まれる。もちろん法律によっては、世論や政府、国会内の勢いで、短期間で制定されるものもあるが、そういうものばかりではないのである。二〇〇〇本というのはその意味でも気の遠くなるような作業の積み重ねといえる。

立法者は法律案の内容を理解しているか

それにしても各省庁から年間一〇〇本余りのペースで提出される法案の内容を、国会議員は本当に理解し、十分な議論を経て制定されているのか、そのような作業は果たして可能なのか。日本では国会に提出される法案の大部分は、内閣提出法案、つまり各省庁の担当部署が、所管業務の専門家として法案を起草しているから、担当部署の専門家である官僚はその内容を熟知している。しかし提出法案の内容を一文ずつすべて理解した上で賛成や反対の意見を表明している議員は、国会内の専門の委員会に所属する限られた一部の人々である。むろんそれ以外の国会議員も、それぞれ自己の所属する専門委員会で、法案を審議し、膨大な数の法案審議の一端を担っているが、自分の所属する委員会が管轄する法案以外については、十分には理解しないまま、自分の所属政党の決定に従い、賛否の投票をしているというのが実情である。

立法の限界を考える必要　そのようなことでいいのか？ という疑問を感じる人もいるだろう。とはいえ、限りある人間の能力を前提にすれば、実際にはそういう形で分担していかなければ、日進月歩の現代社会で求められる法律案を審議し、成立させることは到底不可能という現状がある。(3) この実態は、**法社会学**のような分野では、現代社会における「法化」問題として、一つの研究テーマとなっている。つまりこの問題は、国会議員の質だとか怠慢といった問題を超え、社会を運営するルールの在り方として、私たちは何を、どこまで法律に頼るべきなのか、あるいは法律に委ねることなく、慣習や道徳等の規範で処理していく領域をどこまで認めるべきか、という問題にかかわってくるのである。

(2) 法体系を可能とするための法律区分

さて「法化」を反映した、立法過程の現状認識はともかく、これだけの膨大な数に昇る法律について、私たちは必要な法律をどのように探し出し、また整理できるのか。二〇〇〇本以上の法律と言ったが、た

---

(2) 最近の例で成立改正法律の多かったのは、平成二六年の一三七本、少なかったのは平成二七年の七八本である（内閣法制局ＨＰのデータによる）。

(3) 審議すべき法案の数という事情を考慮すれば、世間やメディアで言われるような、国会議員の数が多すぎるとの批判は適切とは思われない。現在国会議員の定数は、衆議院が四六五名、参議院議員が二四八名だが、個々の議員の質の問題や、本当にそれだけの働きをしているのか？ との問題は別にあるにしても、真摯に活動すれば、とても捌けない量の仕事が求められていることも事実である。議員の数が減れば、今以上に細かい審議は困難になり、法案を作成している各省庁への監視の目は緩む。また議員数が少なければ、法案を起草する官僚たちによる根回しもその分、楽になり、官僚支配が今以上に強まる可能性もあり、行政の民主的統制という点では好ましくない事態といえる。

とえば法学部の主要科目でもある民法だけで、一〇〇〇条を超え、法学部の学生はこの法律を、通常、三～四年かけて学んでいく。一つの法律だけでも、また法秩序全体でも、個々の条文や法律を法秩序全体と関連づけ、体系的に理解していくことが求められる。

「法律の洪水」と言われる現状の中で、もし制定や改正を含む立法行為が、場当たり的におこなわれるとすれば、たちまち法律どうしでの矛盾や現場での混乱が生じ、法秩序の求める意図がどこにあるか、私たちは途方に暮れることになるだろう。それを回避するために、法秩序とは、無数の法律全体を、一つにまとめる体系ないし設計思想にもとづいて構成されているものでなければならないし、新たな法令もその体系内のどこかに位置づけられなければならない。

明治の法典編纂以来、日本の法体系は、近代市民法とよばれる六つの基本的な法律を骨格とする法思想により形成されている。日本の法体系を問題とする以上、この近代市民法についての説明が重要になるが、それは第四章以降で触れることにし、ここでは市民法体系を支えるものとして、法律にはどのような性質や機能をもつものがあるか、この点についてまずは説明したい。

2. 法の諸区分

(1) 自然法と実定法

私たちが「法律」というとき、通常、念頭に置かれているのは、実定法といわれる法である。しかし法思想の上では、実定法に対して、自然法とよばれる法がある。実定法を分類する前に、まずはこのことを最初に説明しておこう。

実定法とは、現に有効なものとして存在し、妥当（効力をもって通用）している法である。行政機関や裁判所、企業などでおこなわれる法実務において、対象とされる法は、ほぼ実定法に限られる。しかし実定法の前提には、**自然法**とよばれる法が議論の対象となり、問題とされることがある。

自然法とは何か

自然法とは何かという研究は、主に法哲学や法思想史の分野でおこなわれる。しかし実定法を研究する分野でも自然法の存在を意識した研究は少なくない。自然法とは、文字通り、自然的に存在する法、つまり人間が意図的に制定していなくとも、時代や地域を超え、普遍的に人間社会を拘束する法と理解される。この意味で、自然法とは、この後に述べる不文法の一つとも言える。制定もしていない法がなぜ法として通用するのか、このような疑問が生じるのは当然である。しかしたとえば、「合意は拘束する」とか「殺人は許されない」などのように、人間が意図的に制定したものではなくとも、道徳的に正当な、書かれざる法として、世界のどこでも、いつの時代においても、人間や人間社会を拘束してきた法規範、すなわち自然法が存在するのではないか、このようなことを問題とする学問領域が自然法論である。日本国憲法の前文や条文にも、「人類普遍の原理」など、自然法論の影響を受けた文言は少なくない。立法権をもつ国会といえども、どんな内容の法でも制定できるわけではなく、一定の限界がある、という思考は、今日の立憲主義思想の中心となる考え方だが、これも自然法論を反映したものといえる。そもそも一般に実定法といわれる、成文化された制定法もまた、一つの法源にすぎず、法そのものではない。このように考えるならば、自然法と同じように、実定法も経験的に確認できるわけではない。したがって自然法は経験的に確認できないから法ではない、という論理は成り立たないと言える。

自然法論に反する実定法の効力

伝統的な自然法の理論によれば、自然法の内容に反する実定法は、法としての効力をもたない、と主張される。憲法は自然法ではないけれども、憲法の内容に反する法律は無効である、とする違憲立法審査制度の考え方も、自然法と実定法を段階的に区分した考え方を反映している。自然法論とは、このような自然法の存在を確信する立場だが、それを主張する根拠はどこにあるかという理由付けについては様々な学説がある。神のもつ理性、自然の摂理、あるいはあらゆる人間が共通にもつ人間本性などといったものを根拠に、普遍的に通用する法は存在するはずだと説く。もし自然法に反する内容の実定法が制定されるならば、その実定法は無効であるし、様々な混乱が生じると説明される。たとえば人権の確保は自然法の要請とされるが、人権を侵害するような法令が制定されるならば、国民は不満をもち、統治は混乱する、といった形で理解される。自然法論の立場によっては、自然法に反する内容をもつ法に対して、国民は服従する義務はないし、そのような国家には抵抗し、革命を起こす権利があると説くものもある(4)。近代の市民革命を正当化したのは、**抵抗権**といわれる、自然法論に由来する考え方であった。

自然法論を批判する法実証主義

これに対して、一定の時間と空間に限定された国家の中では、立法権をもつ者が制定した法規範のみが法とみなされるべきであり、自然法は存在しない、と主張するのが**法実証主義**（実定法主義）の立場である。法実証主義によれば、法の内容は時代や地域に応じて様々な形をもつのであり、普遍的に通用する内容の法などは存在しないとされる。また国家の命令や法の内容が不正・不当なものであるとしても、そのことが法の有効性に影響を及ぼすことはないと考える（「悪法もまた法である」と言われる）。

人権は自然権か、国家により保障された権利か

市民法秩序を確立した一八世紀の市民革命は、近代自然法論の思考に導かれ、絶対王政の打倒を理論的に正当化したが、革命が成功し、市民的法治国家が体制化した後の一九世紀以降の法律学は、法実証主義の考え方を支持するようになった。市民革命で獲得された人権は、自然権であると自然法論者は主張するが、法実証主義者によれば、人権もまた、国家が国民に対し、法で保障したものであり、自然法として存在するものではないと考える。このため、法実証主義の陣営では、人権ではなく、「基本権」とよぶことも多い。わが国のかつての明治憲法は、一九世紀ヨーロッパ諸国の憲法の影響を受けて制定されたから、この時代のヨーロッパ法思想の影響もあり、法理論的には法実証主義の思考を強く受け継いでいた。自然権としての人権論は、第二次大戦後、世界的に復活するが、日本国憲法もその流れの中で制定されたものである。

（2）不文法と成文法

不文法と**成文法**主義については第二章で簡単に説明したが、あらためてここで説明しよう。自然法は、成文の法ではないので、不文法の一種といえるが、通常、不文法といわれるのは、自然法だけではない。不文法とは、成文化されていないが、人々がその規範を法とみなし、現に通用している**慣習法**のような法規範を指すことが多い。つまり実定法とは成文法だけでなく、不文法もまた含むものとして理解されることもある。また確立した判例が、ある種の法としての規範力をもつ場合、判例も不文法の一種とみなされることがある。

長い人類の歴史からみれば、法とは、ほとんどが不文法であった。近代以前の、特に商業化や都市化されていない農耕中心の社会の場合、人々は伝統的な生活様式によって生活してきた。人々を拘束する法規範は、紙に書かれ、成文化されたものよりも、伝統的に守ってきた慣習が主であった。農業や牧畜を中心

（4）イギリスの名誉革命を正当化し、またアメリカの独立革命にも影響を与えたとされるジョン・ロックの『統治二論』はこの考え方を採っている。

とする前近代的な社会においては、法と慣習、法と道徳の区別も明確なものではなかった。

成文法が求められる背景　これに対して、商業を中心とする都市社会の発展、巨大な領土や人口を合理的・効率的に統治する広域的な国家の出現は成文法を必要とする。様々な慣習や宗教をもつ人々、また異民族の共存する広域的な国家においては、村落社会のように伝統や常識だけで人々をまとめ、統治することは不可能であり、共通化された明文のルールが必要とされる。歴史上、最初の成文法と言われるのが**ハンムラビ法典**だが、これも広い領域を支配する大国家であるということが背景にある。

したがって、法の成文化の大きな背景となるのは、社会の「合理化」といえる。農耕社会を前提に、慣習や共通の信仰、道徳、常識を背景とする不文法で支配されてきた世界では明確化された成文法はあまり必要とはされない。これに対して社会の都市化と商業の進展、様々な常識や慣習をもつ人々の共存が進むようになると、不明瞭な常識や習俗では人々を納得させて秩序に服従させることは困難になる。多様な人々を支配する中央政府による効率的な統治の必要も法の合理化を後押しする。こうした合理化の流れは今日までも留まることなく継続している。

(3) 国内法と国際法

近代以降の国際秩序は、主権を有する国家の中で妥当する**国内法**と、主権をもつ国家間の関係を規律する**国際法**とに区分することができる。法学部での法学教育は基本的に、国内法の学習が中心で、国際法学は、国内法の知識を前提に学ぶ応用科目的な位置づけにある。現在の国際法秩序は、陸上を主権国家の管轄領域とし、海洋についてはいかなる国の主権にも服さない自由な領域であることを前提として成立している。このモデルは一七世紀のオランダの国際法・自然法学者である**フーゴー・グロティウス**（一五八三―

一六四五）によって提唱された。地球上のあらゆる土地は、どこかの国家の主権下に置かれ、海については領海や排他的経済水域を除き、どこの国家の主権にも属さない。かつては、国家の存在しない社会や、海洋そのものを支配領域とする国家が存在する時代もあったが、現代はグロティウスにより提唱された理念が、南極を除き、地球の全域に及んでいる。このモデルを前提に、国家間で対立が生じた場合、さらに戦争になった場合に依拠すべきルールも、グロティウスの国際法理論を背景に徐々に実現され、整備されていく。こうして形成されていった慣習法や条約の総体が国際法である。

国内法と国際法の特徴的な違い

国内法と国際法の大きな違いは次の点にある。国内法が前提とする国家には、主権者が存在し、立法は主権者の意思として明確に表明され、違法行為は主権者の実力によって制裁を受ける（制裁をサンクションといい、刑罰、賠償、強制執行、間接強制などすべて含む）。主権国家は、国内での法違反について、**強制的管轄権**を有し、抵抗する者がいても、最終的に警察、軍隊という強制力を使用し、法を最終的に実現することが可能である。これに対して国際社会には、主権者は存在しないし、常設的な国際警察も国連軍も存在しない(5)。したがって、国際社会において、国際法の違反があってもその是正は国内法に比較して困難である。特に領土問題のような、国家の主権にかかわるような事柄になると、問題は顕著になる。アメリカ、中国、ロシアといった大国の場合、違反行為があっても、それを実力で制裁できる国は地球上のどこにもないから、大国の法違反はしばしばそのまま放置されてしまう。こうした状況は近代以前の封建社会とも大差ないことから、国際法は「原始的な法」とも言われるし、国

(5) 国際刑事警察機構（ＩＣＰＯ）というものも存在するが、実際に捜査をおこなうのは各国の警察組織である。また国連軍も国連憲章四二条に基づき、設置することは可能だが、その都度の各国の合意が前提である。

際法は法ではなく、実定道徳にすぎないとの主張もかつては有力に主張された。この不徹底な状態を克服し、国際法による法秩序を真に実現するには、諸国家に権力を及ぼす超国家的な主権が必要になるだろう。だが、そのような超国家的な主権ないし世界国家は、民族自決や民主的な手続きで運営されている国民国家を抑圧することにならないか、との危惧もあるので、理念としても現実としても、困難な課題を抱えている。

しかし今日では国家間の協力関係がかつてとは比較にならないほど進み、私たちはビジネスや人の交流に関わる国際的取り決めや条約によって大きな恩恵を得ている。これらのルールを無視して利益を得ることはあまりないから、強制力がないと言っても、経済などの国際的協力にかかわる法は比較的よく遵守される。その意味で強制力があるかどうかを法の本質として、国際法を法ではないと主張したような、かつての見解は誤りと考えるべきである。

条約と国際慣習法

さて、国際法は、国家間の取り決めである**条約**と、**国際慣習法**とに大きく分けられる。

条約は二国家間のみでの取り決めである**二国間条約**と、複数の諸国で締結される**多国間条約**とに分けられる。条約とは、文書による国家間の合意であり、成文化された国際法の一形態といえるが、もともと国際社会には統一的な立法機関はないから、国際法において、国際慣習法の占める割合は非常に高いものであった。日本国憲法でも、「条約及び確立された国際法規」を誠実に遵守すべきことが規定されている（憲法九八条）ように、「確立した国際法規」は国際慣習法としても、重要な地位を占めている。しかし慣習法では詳細な規定が存在せず、不明確な面も多いので、第二次大戦後は国際連合を中心に、国際慣習法を法典化する動きが続いている。法典化されたかつての国際慣習法は、多国間条約の形式をとって、締約国を拘束するようになり、国際法による規範の網の目は細かいものになっている。

国際公法と国際私法　後述するように、国内法は公法と私法に区分されるが、同じように国際法も、**国際公法**と**国際私法**とに区分される。ここまで説明してきたことは国際公法にかかわるもので、国際公法は権利主体を、基本的には主権国家とする。(6) これに対して国際私法は、国境を超える私人間の民事的関係を規律する。商取引、婚姻などの法は、個々の国家によって内容は異なるため、ある法的紛争が生じた場合、いずれの国家の法を適用するのか（準拠法を決定する）、そうした事柄を扱うのが国際私法の課題である。日本では**法適用通則法**が、国際私法の主な法源である。

（4）公法、私法、社会法

国内法は大きく、**公法**と**私法**という名称で区分されることが多い。公法の代表例としては憲法、行政法があり、私法の代表としては民法や商法が挙げられる。しかしそれ以外では、どの法律が公法にあたり、私法にあたるかは簡単に言えない場合も少なくない。(7)

（6）しかし近年では、国際的非政府組織なども国際法主体と認められ、また国際人権法の領域では個人も国際法の保護対象とされるようになっており、グロティウスが構想したような、主権国家だけを前提とするモデルから国際法秩序は変わりつつある。

（7）刑法を実現する手続きを定めた刑事訴訟法は、一般に**刑事法**というまとまりで扱われるが、これらは権力行使にかかわるので公法に含まれる。刑事法と対置されるグループとして**民事法**があるが、民事法は民法や商法、民事訴訟法、民事執行法等から構成される。しかし民法や商法は、私人の権利関係を定めるので私法だが、私法上の権利を実現する民事訴訟法や民事執行法は、民事裁判という公権力の行使手続きを定めるルールなので公法に含まれる。つまり刑事法はまとめて公法と言えるが、それと対置される民事法は私法と公法にまたがるという関係がある。

公法と私法を区分する基準

公法と私法を区分する基準について様々な学説があるが、公法は公権力の行使に関わる法として、国家と国民の関係の規律や、国家内の組織を規律する法として一般に理解される。これに対して私法とは、私的利益を追求する私人と私人の関係を規律、調整する法と一般に理解される。しかしこれだけでは両者を区別する基準としては明瞭とはいえず、両者の厳密な区分基準としては、公益を目的とするものが公法、私益を目的とするものが私法、とする基準や、公的権力が主体となるものが公法であり、私人が主体になるものが私法である、などの学説がかつては展開された。

国家間の行動を規律する国際公法は、国家権力の行使にかかわる法なので、公法に区分されることが多いが、国際社会は平等な主権国家どうしの関係なので、法秩序の構造としては、平等な私人間を規律する私法に近いという性格ももっている。逆に私法の代表とされる民法でも、親族法・相続法に当たる部分は、公法的な規制に近いと言える。相続のルール、同性婚の可否、夫婦は同一の氏にするかどうか等のルールは、少なくとも現在、私人間の自由な合意だけでは認められず、公の秩序として機能している点で、公法的な性格を併せもっていると言える。

公法と私法の区分理論は今ではあまり実益がない

もともと公法と私法との区分は、公的利益を追求する「国家」と、私的利益を追求する「市民社会」とを完全に分離し、それによって市民社会のもつ自由な領域を国家活動から守ろうとした、一九世紀ドイツの公法思想を反映している。明治憲法下の日本も、そうした法思想の影響を受けたため、当時の裁判所制度では、行政に関する訴訟は、司法裁判所とは別系統の、行政裁判所という組織が別に設置されていた。だからある法律が公法に属するのか、私法に属するのかという判断は、法実務的にも大きな意味をもっていた。だが現行の日本国憲法では、法律上の争訟はすべて司法裁判所が一元的に扱うことになっており（憲法七六条一項）、行政裁判所は廃止された。このため公法と私法の区分を厳格に論じる意義は今日では失われている。さらに公法と私法の境界が不明瞭になっているもう一つの背景として、二〇世紀以降、公法と私法のどちらにも属する中間的な法領域の分野が大きく成長してきたという事情もある。公法と私法という概念区分は、法学内部では日常的に使用されるが、今日ではあくまで目安程度のものとしか機能していない。

社会法という領域

この中間的な領域の法分野は、**社会法**（これに経済法を加え、社会・経済法ということも多い）といわれる。公法と私法の区分は、公益を追求する国家と、私益を追求する社会の分離を前提に、国家は市民社会の自由な活動には介入しない、という発想から引かれた線引きであったが、現代では市民社会の契約に国家が一切介入しないという考えは採れなくなっている。というのも私法とは、平等な関係にある私人間の法律関係を規律するものだが、私人とは一個人だけでなく、巨大な資本を有する多国籍企業などの法人も含まれるからである。法律の建前上、両者はいくら平等であると言われても、豊富な資金力や人的組織、市場支配力をもつ大企業は、零細企業や個人に対して、事実上の力の差を利用し、都合の良い契約条項を押し付けてくることは少なくない。こうして締結された契約を、当事者の自由な合意として裁判所が無批判に尊重し、追認するならば、社会的に不公正な結果がもたらされることは明らかである。そこで現代国家は様々な領域で、私人間の契約を規制する立法を制定せざるを得なくなっている。

市民法の基本原則が不公正をもたらす場合の対処

そうした分野の代表例として、労働法分野を挙げることができる。雇用者と労働者は、基本的には雇用契約によって、労働条件は自由に決定できるが、これを当事者の完全な自由に委ねるならば、労働者が生活できないような低賃金の雇用契約が締結され（不況で就職難になれば、不利な雇用契約でも労働者は受け入れざるを得ない）、休憩や休暇も取らせないような劣悪な労働条件が正当化されかねない。労働関連法、たとえば賃金に関して言えば最低賃金法（昭和三四年法律一三七号）は、一方の当事者が一方的に利益を得るような不公正な内容の契約が締結されることのないよう、雇用（労働）契約の内容を法律で規制しているのである。

また元請け企業が、下請け企業に対して、自社に一方的に有利な契約を押し付けることも独占禁止法では禁止される。インターネットでのプラットホームとなる企業が、出店企業に対し、消費者への商品送料を無料にするように迫るなども独占禁止法上の「優越的地位の濫用」として禁止される（独占禁止法二条九項五号）が、これも「自由な合意」を建前として、市場支配力をもつ強者が立場の弱い企業に対し、不利益を押し付けることを禁止する規定である。その他、借地借家に関わる契約、消費者契約など、専門知識をもたない消費者を保護するための法律は膨大なものとなっているが、成人年齢が二〇歳から一八歳に引き下げられる結果、今後、このような消費者保護を図る法律の必要はますます高まるだろう。社会全体の分業が進み、専門化が進行している中で、知識や経験の非対称性に起因する問題は、もはや「契約自由」や「自己責任」として放置し続けることはできなくなっている。これらのルールは私人間の関係を規律する点で、領域的には私法分野に属するが、国家が公正な取引実現を目的に、公権力を通じて介入してくるという手法の点では公法の性格をもっている。これが社会法と言われる分野である。

自由国家観と社会国家観　国家は私人間の契約には干渉せず、自由に委ねておくのがよい、という考え方にもとづく国家間を**自由**（**消極**）**国家観**といい、逆に市場取引を公正なものとするために積極的に介入していくべきとの考え方や国家観は**社会**（**積極**）**国家観**とも**福祉国家観**ともいわれる。現代において完全な自由国家を採用することは不可能であり、消費者や市民の利益を守るための社会的規制は不可欠である。とはいえ、社会的規制を厳しくしすぎるならば、市場は活力を失い、社会は停滞につながる可能性もある。私人間の契約をどこまで規制し、介入するかという立法者の判断は、現代国家における大きな課題である。

（5）民事法と刑事法

市民法の体系の中で、公法／私法と並ぶ、もう一つの大きな区分が民事法／刑事法という区分である。この区分においては、憲法や行政法といった、政治的権力の行使に関する法律は除外されている。国内法のうち、政治や行政にかかわる法や社会法を除いたものが市民法であり、この市民法を二分するのが民事法と刑事法である。

民事法は、独立した私人どうしでの財産・契約関係、身分関係を規律する。具体的には民法、商法、会社法などが代表的だが、公法／私法区分では、公法に分類されていた民事訴訟法や民事執行法など、民事紛争の処理にかかわる手続法もこの中に含まれる。

刑事法の領域には、刑法を代表とする犯罪と刑罰を定める法律、また刑事裁判を規律する刑事訴訟法、少年法などが含まれる。刑事法は公権力の行使にかかわる点で、一応公法の領域に含まれるけれども、憲法や行政法のような、政治権力や行政にかかわる法とは異なり、市民社会の自立的な秩序を維持しようとする目的をもっている。歴史上、刑事裁判が政治闘争の手段として利用されるような陰惨な出来事は少なくなかったが、政治権力にかかわる闘争に刑事裁判が利用されることのないよう、刑事裁判を政治権力から独立した司法裁判所に委ねるのが近代市民法における刑事法の理念である（この点は民事法もむろん同じである）。したがって裁判官は、公務員として内閣総理大臣の任命を受ける立場ではあるが、任命者のリストは最高裁判所事務局の作成したリストにしたがっておこなわれ、政治が裁判官の人事に介入することはない（裁判所法三九条、四〇条）。これは司法権の独立と直結する、法治国家にとってきわめて重要な法慣行である。

民事裁判と刑事裁判の違い　民事裁判と刑事裁判は、市民社会内部の法秩序維持を目的とする点では共通しているが、それぞれ私人の権利保護、犯罪者の処罰という点で、裁判の目的は異なる。このため同じ事件であっても、民事裁判と刑事裁判とは別々の法廷で、異なる訴訟進行のルールでおこなわれる。たとえば医師が患者に後遺障害を負わせてしまったような医療過誤事件で、民事裁判では医療機関側の過失が認められ、患者への損害賠償が認められたけれども、刑事裁判においては、医療機関側の業務上の過失は認められず、「無罪」の結論が出るようなことも珍しくはない。これは制度の不備ではなく、民事責任と刑事責任とでは目的が異なり、また民事上の過失責任と刑事上の過失責任も、その内容や認定方法は異なるからである。

（6）実体法と手続法

実体法とは、権利義務の発生や変動、効果のような、法律上の権利や義務の実体を定める法をいう。六法の中で言えば、憲法、民法、刑法、商法がこれに当たる。これに対して、実体法で定められた権利義務や刑を訴訟の中で具体的に実現していく手続き、方法を定めるのが**手続法**といわれる分野である。六法の中では民事訴訟法と刑事訴訟法がこれに当たるが、これらを運用する裁判所の定めた規則として、民事訴訟規則、刑事訴訟規則がある。またこれ以外にも家事審判法、行政事件訴訟法、少年法などが訴訟手続きを定める法律として、手続法に含まれる。

手続法は技術的性格が強く、裁判のイメージが具体的にもてない学生にとってはなじみにくい面もある。

民事訴訟法を省略した「民訴」はしばしば「眠素」に通ず、などと言われることもあるが、手続法は実体的な権利関係の実現において、極めて重要な地位を占めている。憲法典で高らかに宣言され、保障される人権も、その最終的な砦と言えるのは刑事訴訟法であり、手続法は地味ながら、法律学の神髄が凝縮された領域ともいえる。

3．法の適用にかかわる分類

ここまではそれぞれの法律がどのような分野に含まれるかについて説明してきたが、ここからは、法律を適用する際のルールに着目して設けられる、法の区分について説明する。

(1) 法の段階構造

膨大な数の法令の中には、内容的に矛盾するかに見えるものも含まれている。たとえば日本国憲法二一条は、「……一切の表現の自由は、これを保障する」と定めるが、刑法二三〇条は「公然と事実を摘示し、人の名誉を毀損」する表現を処罰の対象としている。このような場合、法秩序の意図はどこにあるのだろうか。

まず出発点となるのは、法秩序は規範的な**段階構造**を形成しているということである。つまり行政によっておこなわれるある行政処分がなぜ有効なものとして強制力をもつのか、と問われるとき、それは××法施行令という政令（行政立法、命令）の規定に基づいているからだ、と回答される。ではなぜその政令は正しいと言えるのか、と問われるなら、その政令は〇〇法を施行するために、法律の範囲内で制定された行政立法だから、と回答できる。ではその〇〇法はなぜ正しいと言えるのか、との問いに対しては、日本

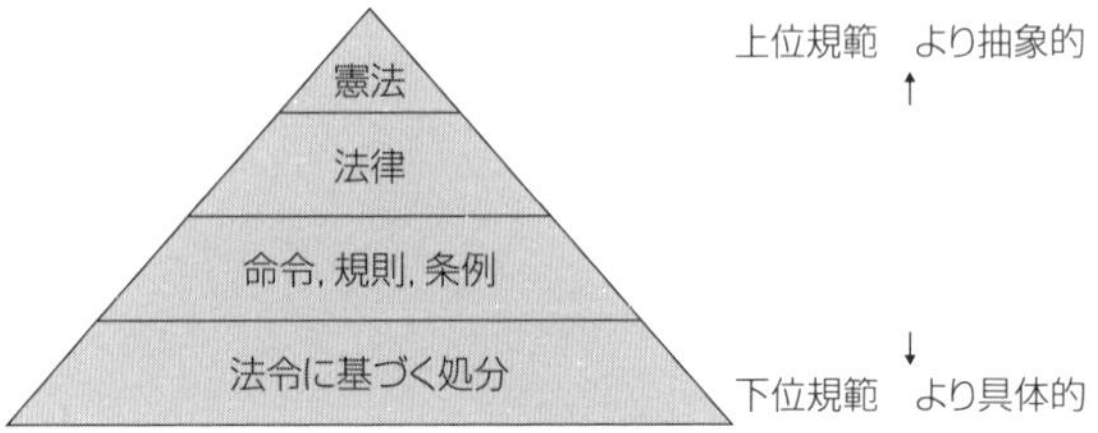

図1　法規範の段階構造

国憲法の所定の手続きにしたがって制定された法律だから、と回答される。つまり体系的な法秩序においては、ある処分や判決、決定等の正しさは、それ自体で正しさをもつわけではない（「法律は守らなければならないから、守らなければならない」では同語反復で説明にならない）。ある法令は、より上位の法規範を根拠にすることによって、客観的に正しいものとして効力をもつようになるのである。

したがって政令と法律の内容の間に、もし矛盾があれば、法律が優位し、その限りで政令は無効となる。行政機関が制定した命令と具体的な処分がもし矛盾する場合には、命令に反する限りで、その処分は違法で無効なものとなる。憲法と法律とが矛盾する場合、やはり憲法の規定が優位し、憲法の内容と矛盾する部分は無効となる（憲法九八条一項）。つまり次元の異なる法規範が矛盾する場合には、どちらの法規範がより上位かの判断によって、決着はつけられる。

下位規範は上位規範が解釈されたものである

ただし、ここで注意してもらいたいのは、先に挙げた、表現の自由を保障する憲法の規定と、名誉棄損を処罰する刑法の規定が、表面上、矛盾する場合である。下位規範は上位規範に反しない限りで効力をもつのであれば、名誉毀損罪を定める刑法二三〇条の規定は、表現の自由を保障する憲法二一条に反し、違憲無効になるのか、と言えばそうはならない。憲法をはじめ、より上位の法規範は、下位の法規範に対して、一般的で抽象的な文章で表現されている。そこで実際に人々の市民生活を規律する上で、他人の名誉を侵害する表現まで、表現の自由として保障されるのかどうかは、憲法規定の解釈に委ねられる。この場合で言えば、立法者は名誉毀損の表現まで、憲法で保障されるべき表現の自由には含まれないと解釈したのである。この意味で、立法者である国会は、憲法の第一次的な**有権解釈者**であり、重要な役割を担っている。立法機関が行政や司法と異なるのは、政治部門として民主的な多数決によって行動する点である。そのため、立法を伴う憲法解釈には、必ず政治的な性格や要素が入り込むが、それは国民の民主的意思であることによって一定の尊重が払われることになる。しかし憲法の最終的な有権解釈者は最高裁判所であるから（憲法八一条）、国会の民主的意思も絶対的なものではない。場合によっては、裁判所による違憲審査の結果、国会（とその法律にしたがう政府）による憲法解釈が誤りとされることがある。これが国会の制定した法律が違憲・無効とされる場合である。

(2) 同レベルの法令の競合「特別法は一般法に優位する」「後法は前法に優位する」

次に問題となるのは、規範論理的に同次元の法規範の間での競合、つまり法律と法律、政令と政令のように、同次元の法令どうしで矛盾抵触がある場合、どう調整するか、という問題である。この場合、まずはそれぞれの法令が、一般法と特別法の関係にあるかどうかが確認される。一般的な適用を想定されている法規範は**一般法**と呼ばれ、適用の範囲や対象を限定した法規範は**特別法**と呼ばれる。両者の関係が一般法と特別法の関係にあるならば、「**特別法は一般法に優位する**」という原則にしたがい、法の適用は決定される。

特別法は一般法に優位する

たとえば民法は契約に関する一般的ルールを定める一般法として位置づけられるが、訪問販売のような特殊な形態での取引契約だけを想定している特定商取引法（昭和五一年法律第五七号）は、一般的な契約ルールに対する特例を定めたものとして、民法に対して特別法の関係にある。たとえばある商品について、売買契約を締結した場合、錯誤や詐欺、強迫のような、意思表示に**瑕疵**（「かし」と読む。キズ）がある場合、意思表示をした者はその契約の取消しを主張できる（民法九五条、九六条）が、特にそうした事情がなければ、本人は自分の自由意思で契約をした以上、後でその契約の取消しを主張することはできないというのが民法上の原則である。しかし商品についての専門知識をもち、数多くの消費者を相手として場数を踏んでいる販売業者と、一消費者との契約が、対等の立場で自由な合意がなされたとは言い難い面がある。このため特定商取引法は、訪問販売、通信販売など、特定の商取引に関しては、**クーリングオフ**という制度を定め、八日間以内であれば、消費者は理由なく、申し込みを撤回、あるいは売買契約を解除できる権利を認めている（特定商取引法九条）。これは一般の消費者を対象とする、特定形態の商取引の場合だけ適用される規定である。このような形で、特定商取引法は、民法に対する特別法として優先的に適用されることになる。

一般法と特別法の関係は無数にある。また一般／特別の関係は、両者の関係によって相対的に決まり、絶対的で固定したものではない。商法は、商人による商取引という特定の場合に限定された法律なので、民法に対して特別法といえる。しかしたとえば、国際海上物品運送法（昭和三二年法律一七二号）は、商取引のうち、船舶による国際海上取引を特に規定したものだから、商法に対して、特別法の関係にあり、この場合は商法が一般法としての地位をもつ。

後法は前法に優位する

同次元の法の競合する場合を処理する別の原則として、「**後法は前法に優位する**」という原則がある。文字通り新たに、後にできた法が、以前からある法を破り、適用されるというものである。たとえば、借地借家法（平成三年法律九〇号）という法律があるが、この法律は、これまで借地人・借家人の権利や建物保護を目的として機能してきた、借地法や借家法、建物保護法の規定を整理し、新たに制定されたもので、後でできた借地借家法が、当然、優先的に適用されることになる。借地借家法の附則第二条は、「次に掲げる法律は、廃止する」とし、建物保護法、借地法、借家法の廃止を宣言し、混乱が生じないよう、明文で宣言している。仮にこの附則の規定が存在しなかったとしても、この場合は原則通り、「後法は前法に優位する」として解釈され、建物保護法、借地法、借家法の適用は当然に排除されることになる。

(3) 強行法規と任意法規

法律上の規定は、その内容について変更できないもの（遵守しなければならない）と、当事者の意思によって変更できる（遵守しなくてもよい）ものとに区分することができる。前者の規定は**強行法（規）**、後者は**任意法（規）**とよばれる（または強行規範／任意規範とよばれることもある）。一般的には法律の規定は、遵守することが当然であって、当事者の意思で変更できるとか、遵守しなくてもよい法規定がある、と言われるとかなり奇妙な印象を受けるかもしれない。大原則としては、たしかに法は強行法規なのである。ただ私法の中にはそれが当てはまらない領域がある。このことは民法九一条の中で次のように定められている。

民法九一条　法律行為の当事者が法令中の公の秩序に関しない規定と異なる意思を表示したときは、その意思に従う。

この条文は特に難解な言葉を使用しているわけではないけれども、法学の知識をまったく持たない人が、これを一読して理解することは困難だろう。この条文中に「公の秩序に関しない規定」とあるが、これが学問上、任意法規とよばれる規定である。この任意法規に関しては、当事者の合意さえあれば、その規定に従わなくてもよい、ということがここでは明記されているのである。

一体それはどのような法律で、どの条文を指すのか、ということは当然気になるところだが、法律の中には、これは任意法規（規定）です、とわざわざ説明してくれているものはない。何が任意法規であるかは、解釈による。ではどのように解釈して任意法規を決定するのだろうか。

任意法規（規定）は限られた条文である

先に公法と私法の区別について説明したが、公法は基本的には強行法規である。(8)これに対して、私法は任意法規を多く含む。だが任意法規とは、私法の中でも民法、さらに民法の中でも、契約の内容（条件）にかかわる規定にかかわる部分であり、それ以外の部分はほぼ強行法規である。たとえば完全な法律行為能力を与えられるのは成年に達してからであり、民法四条は成年年齢を定めている。この規定を当事者どうしの合意で勝手に無視することはできない。当事者がどのような合意をしようと、未成年者の意思表示は、民法五条の定める通り、例外とされる場合を除いては、確定的な意思表示として認められることはない。

任意法規とは私的自治の原則と関係をもつ

それではなぜ契約内容に関する規定については任意法規と理解されるのか、それは次章以下で説明することになるが、近代市民法の採用する**契約自由の原則**にかかわるからである。近代の自由主義においては、市場における契約条件や取引の形態は、当事者の交渉と合意に任せるべきであり、またそれが経済的にもより効率性を高めると考えられてきた。したがってある商品について、どのような形態の取引をし、いくらの価格で売買するかは、当事者の意思の合致によって決定され、その契約に当事者は拘束される（これは**私的自治の原則**とも言われる）のである。

これだけでは分かりにくいので、具体的な例を出してみよう。たとえばあなたがマンションやアパートの一室を借り、生活している場合を考えてみよう。雨漏りやトイレの水が流れなくなったというような、賃借物件に関して不具合が出た場合、その修理費用は賃貸人と賃借人のどちらが負うことになるのだろうか。

これについては民法六〇六条で明確に規定されている。「賃貸人は、賃貸物の使用及び収益に必要な修繕をする義務を負う」のである。借りている物件に不具合が出た場合、借りている者が自分の費用で修繕する義務はなく、賃貸人である大家に対して、本来の機能が回復するよう、修繕を求める権利がある（白熱電球が切れた等の消耗品に関しては別。ただ最近のＬＥＤ電球は商品の特性上、高価で半永久的な使用が前提になっているから、交渉する意味はある）。そのために毎月の賃料を賃借人は支払っているのである。これが法の趣旨である。

しかしたとえば、今まで空き家だった築二〇〇年の古民家を賃借する場合、この規定は余計なものになる可能性がある。地方の過疎地に行けば、月一〇〇〇円や一〇〇円で借りられるような物件もある。そのような物件の場合、雨漏りや隙間風が出てくるのは当然のことで、これを新築の家のようなレベルで、いちいち賃貸人に修繕を要求されるならば、賃貸人の経済的負担は過大なものになってしまう。そもそも古

（8）ただし、憲法は法律とは規範的次元を異にするから、条文すべてが法律的に強制されることを予定しているわけではなく、単なる宣言や、道徳的訓示にとどまるものもある。日本国憲法に定める三大義務（教育を受ける義務、勤労の義務、納税の義務）も道徳的心構えを宣言したものにすぎず、これらを法律上の義務にするには、法律の根拠が不可欠である。たとえば「納税の義務」の規定（三〇条）はなくても、税法が定められれば納税の義務は当然生じる。逆に税法も定めることなく、憲法の規定だけを根拠に政府が国民に納税を求めるなら、法治行政の破壊であり、財産権の侵害である。公務員に課される「憲法尊重擁護義務」（九九条）にしても、政治道徳的な意味はあるが、法律的な強制力をもつわけではないから、まだ存在しない、憲法違反と思われる法令を制定しようとする政治家の行為を、法的に禁止できるわけではない。

民家のような家であれば、隙間風くらいは互いに承知の上であろう。そこでこのような場合、賃料は破格の安さに設定するけれども、修繕は賃借人の方でお願いしますよ、という形で合意をしても決して不合理ではない。またその取り決めによって、第三者が不利益を受けるようなことも考えられない。契約内容は当事者の合意で自由に決定できるというのが民法九一条の原則なのだから、六〇六条の規定に反する内容の合意をしてもこの場合は問題ないのである。

任意法規（規定）が存在する意味

それならはじめから六〇六条の規定は不要ではないか。なぜ民法はわざわざ無視してもよい規定を入れているのかと不思議に思われるかもしれない。だがもしこの規定がない状態で、当事者の間で修繕にかかわる費用負担の取り決めもしていなかった場合、どちらが費用を負担するべきか、ということがたちまち問題となる。つまり任意規定は必ずしも守らなくてもよいが、賃貸借契約の標準としての効力をもつのである。当事者が特に取り決めをしていない場合には、裁判官は民法の規定にしたがって判決を下すのである。

強行法規を合意や契約で無視することはできない

民法中、任意法規といえるのは、契約にかかわる規定であり、成年年齢や代理のルールを定めた総則、第三者や世間一般に影響を与えるような物権の規定はすべて強行法規である。「いかなる迷惑や損害を被ることがあっても、決してあなた様に損害賠償を請求することは致しません」といった内容の契約書や誓約書が作成され、署名したとしても、それは不法行為責任法（民法七〇九条以下）という強行法規を無視するものだから、法的には何の意味も効力もない。また民法の婚姻に関わる規定を無視して、同性どうし、あるいは兄妹のような関係で夫婦同然の生活をしているからといって、婚姻届けを提出しても、法律改正がない限り、法的な婚姻として認められることはない[9]。民法の身分法上の規定も強行法規だからである。先に挙げた、民法の特別法としての特定商取引法も当然、強行法規であり、クーリングオフを消費者が求めてきたら、業者は法律上の義務として対応しなければならない。「いや、ウチはクーリングオフを採用しておりませんので」などと、消費者の無知を利用して意味不明な言い逃れをする悪質業者もいるが、これは明らかな法違反である。

ただ、ここで混同されてはならない点として注意しておくべきことは、強行法規であるということは、必ずしも罰則や強制力をもつとは限らないということである。医師法一九条は医師の**応召義務**を定めており、患者からの診察の申し出に対して、正当な事由がなければこれを拒否してはならないと定めているが、ここには特に罰則は規定されていない。罰則はなくても義務を履行しなければ違法であり、守らなくてもよいということではない以上、これは強行法規である。罰則があるかどうかの問題と、強行法規であるかどうかとは関係がない(10)。

最後に、行政上の取締法規違反の契約の有効性をめぐる問題にも触れておこう。実際にあった例として、食肉の販売をするには食品衛生法上の許可を受ける必要があるが、その許可を受けない業者による食肉の売買契約は有効かどうか、という問題があった。この場合、食品衛生法上の許可というのはあくまで行政管理上のもので、私人の売買まで無効にする必要はないものとして、契約は有効とされた（最判昭和三五年三月一八日民集一四巻四号）。しかしこの判例があるからといって、強行法規違反の契約がすべて有効になる

(9) ただし、それにもかかわらず、事実上の夫婦状態が長く続き、配偶者の地位を認めないと著しく正義や公平に反すると思われるような場合、判例は、内縁の妻に法律婚の場合と同様の相続権を認めることもある。
(10) たとえば医師が応召義務を果たさず、患者に後遺症や死亡等の被害が生じた場合、医師の側に過失責任が認められる可能性がある。法の規定自体には罰則がなくても、義務違反であることはたしかなので、間接的な形で過失や違法が認定されることになる。

わけではない。たとえば覚せい剤のような禁制品の取引が公序良俗違反（民法九〇条）として無効となることは言うまでもない。

（4）属人法（主義）と属地法（主義）

これは法が何を管轄対象としているかによって設けられる区分である。管轄対象を自国内など、一定領域に限定する法を**属地法**（属地主義）といい、生活する地域にかかわらず、国民など、ある一定の属性の人々を管轄対象とする法を**属人法**（属人主義）という。

属地法は、特定の領域内に滞在、居住する者すべてに適用される。つまり「領域内の出来事は領域内の法にしたがう」という考え方で、領土主権を前提とする。近代以降の主権国家は基本的にこの考え方を採用している。これに対して、国境線が明確に引かれていない状況や、民族・部族ごとの慣習が大きく異なり、共通の法で拘束することが適切でない近代以前の状況では、属人主義にもとづく法が採用されることが多かった。歴史的にはローマ市民と外国人とを区分したローマ法や、ゲルマン法がそれに該当する。幕末に締結され、不平等条約として有名な安政条約は、日本国内における外国人犯罪については、日本の裁判管轄権が否認されたが、逆に日本人が外国で犯した罪については、その国の裁判管轄に服しなければならない不平等なものであったが、この条約は属地主義と属人主義が不平等な形で併存したものであったといえる。この点は明治の条約改正運動の原因の一つとなった。一九世紀の国際社会ではすでに主権国家が確立され、法は属地主義が原則になっていたにもかかわらず、このような不平等な例外が設けられたのは、わが国が「文明国」ではなく、国際社会での一人前の存在として認められていなかったという事情があった。

興味深い例として、明治政府がその後、清国との間で締結した「日清修好条規」（一八七一年）では、相互に属人主義が採用された。この場合、日本も清国も互いに領事裁判権を承認し、国際条約としては前近代的なものであったが、平等ではあった。

現代でも見られる属人法

しかし属人主義を採用する法は今日も存在する。刑法には国外犯という規定があるが、刑法三条で列挙されている一定の罪については、日本国民である限り、日本国外で犯したものであっても日本刑法が適用される。

外交関係において、外国に派遣された外交官は、犯罪行為をしても、**接受国**の法の適用を受けることはない（外交関係に関するウィーン条約二九条、三一条）。外交官は国家元首の代理人であり、他国の法の適用や裁判の対象とされるべきではないという発想があるからである[11]。また在外公館（大使館、領事館）についても事情は同じで、公邸内ではその国の法が適用され、接受国の法が直接に適用されることはない（ウィーン条約二二条）。犯罪容疑者が在外公館に逃亡した場合、警察は外務省を通じて容疑者の引渡しを要請することはできるが、これは政治的な対応であって、外交関係が悪化しても引き渡さないとその国が決めれば、それ以上のことは法的には何もできない。在外公館は外国領土にありながら、治外法権の空間であり、属地主義の原則に対する例外をなしているのである。

（11）しかし接受国（外交官の受け入れ国のこと）は、非合法活動やその国にとって問題ある振舞いをする外交官については、「好ましからざる人物（persona non grata）」として、国外への退去を求め、理由を示すことなく拒否できる（外交関係に関するウィーン条約四条二項、九条）。

第Ⅱ部　市民社会と法

第四章　近代市民法の体系

1. 市民法と市民社会の思想

ここまで法秩序の体系を可能とする法律の機能的な区分について説明してきた。これを前提に、現代日本法の体系が、どのような設計思想にもとづいて形成されているのか、ということについて説明してみたい。

(1) 市民社会と身分社会

市民社会の法としての市民法　現代日本法の法秩序を形成している体系とはどのようなものか。それは一言でいえば、**近代市民法**の体系である。そこで近代市民法とは何かということが問題になるが、これも答えは単純で、「**近代市民社会の法**」ということになる（この「市民法」と「市民社会」という言葉は近代以前にも存在するので、それらと区別する意味で、「近代市民社会」、「近代市民法」というが、これから後は、単に「市民法」、「市民社会」という言葉を使用する）。

しかしこれだけでは、具体的に何を意味しているかはよく分からない。実際、市民社会とは何か、という問題は、政治学や社会学、経済学等、社会科学系の学問の中での重要な論争点として、様々な議論が積み重ねられている。したがってあまり単純化した説明は問題だが、分かりやすく表現すれば、平等な権利能力をもつ、自由な個人を社会秩序の基本単位とする社会、と一応説明できる。市民法とは、そのような市民社会を設計しようとする思想から生まれる法体系である。

市民法の体系は、より具体的に言えば、基本六法全体をセットとする法体系である。基本六法とは、民法、商法、民事訴訟法、刑法、刑事訴訟法、憲法の六つの法典から成立する。これらの諸法律が、市民社会を法秩序として支える骨格を形成しているのである。司法試験の試験科目も、法学部の教育カリキュラムもこの六つの法の教授が中心である。基本六法を学んだだけで法曹（法律専門家）としてやっていくのはまだ不十分だが、基本六法をしっかり学び、マスターしたということが法曹としての必要条件を満たしたと公的に評価されるのである。

しかし市民法という言葉は、基本六法のうち、民法だけを意味する場合もある。民法とは英語で言えば、civil law（フランス語だと code civil、つまり市民法典）であり、民法が市民法ということになる。なぜ民法が市民法体系全体を代表する地位にあるのか、これを理解するには、そもそも市民社会とはどのような社会なのかを理解する必要がある。

繰り返すが、市民社会とは、平等な権利能力をもつ、自由な個人を社会秩序の基本単位とする社会である。しかしこの説明だけでは、今日では当たり前すぎて、イメージしづらいかもしれない。そこで近代以前の、市民社会ではない社会をイメージしてもらいたい。つまり西欧における市民革命以前の、また日本でも江戸時代までの封建身分制度を想起してもらえばよい。大雑把に言えば、この封建身分制を克服し、市民社会をめざしたのが市民革命であり、その設計図となるのが近代市民法である。

封建身分制の特徴

では封建身分制とはどのような社会であったのか。簡単に言えば、人はその生まれによって、つまり伝統社会の中で固定化された身分の中で、権利や義務は生まれた身分によってあらかじめ定められ、その積み上げの上で法秩序が形成されている社会といえる。ある武士は○

○家の人であり、また○○家は××家に仕え、という重層化した身分構造の中で人間は社会の一員として位置づけられ、本人も自分をそのような存在として意識する。国家制度としての戸籍や個人を把握する制度は封建制国家には存在しなかった。その代わりに西欧では教会が、江戸時代の日本では寺社による**宗門改**の制度が設けられ、現在の戸籍に当たる情報を管理させたが、これも村単位や藩単位でおこなわれたもので、全人民を対象として統一的におこなわれたものではない。つまり人間のアイデンティティは○○藩家来であるとか、××村住人という情報にとどまり、各人の個人情報は、家や団体の中で特定される。家をはじめとする団体が、封建身分制社会を構成する基本的単位であった。

こうした社会において、人々の行動を規律する社会規範は、伝統的に守られてきた習俗や慣習法が中心となる。封建社会において、男は親の職業を継いで家を継承し、女は親の職業や家格の近い家に嫁ぎ、祖先を祀るために子孫を絶やさないよう、子供を産み育て、家の跡取りを養育することが最大の義務となる。なぜそうすべきなのか、と理不尽に思う人がいたとしても、お前の命は祖先からのつながりで与えられ、親の生業で育てられてきたのだからそうするのが当然だ、という理由で決着はつけられる。

自由論と宿命論

この考え方の背後にあるのは、人間は宿命的存在として生まれたという宿命論である。私たちはたしかに自分で親を選んでその家に生まれてきたわけではない。自分の個性や能力も、祖先から受け継がれてきた遺伝子の結果とすれば、人間は宿命的存在であると規定するのも人間観として誤りとはいえない。しかしこれに対して、人は宿命に規定される面もあるとしても、自由な意思で人生を切り開くこともできるはずだという自由論の立場からの異議が可能である。単純化すれば、封建身分制の社会とは、人間の宿命性を出発点に社会秩序を形成しようとする思想に立脚しているのに対し、近代市民社会は、人間存在のもつ自由な面を重視して社会秩序を形成しようとしている。どちらが正しいと簡単に言うことができないが、封建身分社会は、社会全体の秩序維持のために個人の自由を抑圧する停滞した社会であることは間違いない。ただこの社会では個人の自由や気ままが許されない分、人生の選択に悩み、自分探しをするとか、家族の崩壊や自殺といった現象は、社会問題としてはほとんど存在せず、安定度の高い社会といえる。逆に近代市民社会は、すべてが個人の選択と能力によって与えられるべきとする社会だから、厳しい競争の成果として、社会の進歩を享受し、繁栄を謳歌できるけれども、個々人は不安の中で孤立し、能力のない者は脱落してゆく不安定な社会でもある。

日本では明治以降、法秩序のモデルは封建身分制から、個人主義を前提とする市民社会となり、それを支える法体系として市民法の体系が採用された。個人主義化された市民社会の倫理と封建的倫理の矛盾が本格的に意識されるようになるのは大正期以降だが、夏目漱石や芥川龍之介、志賀直哉など日本の近代文学は、前近代と近代の倫理の間で苦悩する近代人を描くことを一つの課題としてきた。明治以降の日本の近代化と市民社会の形成は、人間の生き方に大きな影響を与え、文学の題材となってきた。

(2) 自由かつ平等な個人はいかにして社会秩序を形成するか？

合意は拘束するという原理　市民法は、自由で平等な個人を、社会秩序の基本単位とする。しかしここで問題となるのは、自由で平等な地位にある諸個人が好き勝手に活動するならば、一体どのようにして社会秩序を形成し、維持できるのか、という疑問である。人間がすべて個人として平等であるならば、あれこれ嫌なことを言ってくる親や教師、上司の言うことを聞く理由はないだろう。また自由な存在であるならば、法律や命令、会社の就業規則が何を規定しようが、それに服従する理由などないはずである。

しかしこのような結論を支持する人はいないだろう。人間は自由で平等な存在として生まれた、と主張する近代の思想家たちも、この勝手気ままな状態をよしとするわけではない。結論から言えば、封建身分制であろうと市民社会であろうと、社会が存在するためには、誰かがルールを定め、それに従うという関係が必要である。また約束は確実に守られるという期待がなければ、分業も社会秩序も成り立たない。私は誰の命令も指示も法律にも従うつもりはない、好き勝手に振舞う自由がある、という主張は何とか否定しなければならない。市民社会を作るために超えなければならない問題とは、自由で平等な権利をもつ独立した個人が、いかにしてそれぞれの義務を負い、秩序ある社会を作るのか、という問いなのである。この義務づけを可能とする原理が、「**合意は拘束する**」という命題である。つまり他人に対して何かを為すこと（または不作為）を義務付ける根拠とは、本人がそうすべき（しない）ことに同意したことである。この同意が「しなければならない」という義務を根拠づけるのである。

合意による拘束は自由を否定しない　売買契約の場合、買主は代金を支払う義務、売主は目的物を引き渡すという義務を相互に負う。買主は売主のもっている商品が欲しいから、一定額の代金を、期日までに支払うことに同意し、これを約束することで、支払い義務が発生する。売り主は代金を得る代わりに、商品を引き渡すことに同意したことで、これを買主に引渡す義務が発生する。

この両当事者の義務は誰に強制されたものでもない。自らの自由意思と相手方の自由意志を尊重する結果として、その内容の義務を負うことを自分で決めたのである。両当事者は、売買に関して同意した約束を履行するよう義務づけられるけれども、彼らは自由な意思でそれを選択したのである。

こうした同意の原理が支配するのは、売買契約の場合だけではない。学生は自分の在籍する大学で授業を受け、単位を取得し、学士の資格を求める権利をもつが、その代わりに学生は学費を支払い、授業を受け、学則に従う義務を負う。大学側は、学生に授業を提供し、所定の単位を獲得した学生に学士号を付与する義務を負うと同時に、学生に学費の支払いを求め、学則を守るよう求める権利をもつ。教員は、大学から給与の支払いを受ける権利を有するが、授業をおこない、組織から求められる仕事をなす義務を負う。これらの関係はいずれも、誰に強制されたわけでもなく、自分自身の自由な意思で形成した関係である。自由と秩序は両立しているのである。

このように、無数の約束と取り決めによって、会社やその他の団体も組織され、取引活動もおこなわれる。人と人を結び付ける関係とは、生まれながらの身分や宿命ではなく、自由な意思にもとづく同意によって形成される。市民社会においては、あらゆる社会関係がこの同意の原理にもとづいて説明されることになる。

法律への服従義務の根拠

この合意の原理は、国家と国民の関係の説明にも用いられる。なぜ法律を守らなければならないか、という問いに対しては、国民が自分自身に対する決定として、民主的な手続きによってその法律を定めたからであると説明される。法律は、権力ある人たちが勝手に制定したもので、守らないと刑罰や処分を受けるから守る、ということでは、身分制社会の思考と変わらない。国会議員たちは選挙によって民主的に選出され、私たちはその人々に法律制定の権限を委ねたと理解される。私たちは国民の代表者である国会議員の行動を、自分自身の行動とみなすことで、法律も自ら制定し、同意したものとみなされる。

このような説明の仕方は現実離れしたもので、何か胡散臭い建前論と感じられるかもしれない。その感覚は非常に重要である。法律を制定するのは国会だが、その内容については官僚や国会議員、利益団体の関係者が交渉し、その結果として法律が決められているという現状認識も社会科学的には非常に重要である。しかしそれにもかかわらず、法律は国民の同意によって成立している、との建前は、決して無力でも無意味でもない。少なくとも官僚や利害関係者たちがどんなに影響力を行使しようと、法的には選挙で選出された国会議員の賛成がなければ法案は成立しないし、国会議員も選挙区住民の支持を得たという事実がなければその地位につくことも法的に不可能である。法律は国民の同意により制定されるから、その法律に国民が服従することは国民の自由と両立する、ということは規範的な意味でたしかにこのように言えるのである。(1)

選択の自由の拡大と生命倫理

このように、近代の市民社会は、当事者たちの自由な同意によって形成されていると規範的には説明されるのである。かつてのように、個々人の義務が身分関係によって説明されることはない。こうした歴史的変化を、イギリスの法史学者**ヘンリー・メイン**（一八二二―一八六六）は「**身分から契約へ** from status to contract」という標語で表現した。この標語は、社会秩序を形成する原理は、かつては身分だったが、近代社会では契約である、ということを意味している。このように、同意の原理は、民法をはじめとする私法の基本的な原理となった。財産関係や婚姻・離婚、養子縁組などの身分行為も、本人がそれを欲し、同意したということを根拠に法律的な関係は形成される。

ただし、すぐに気づかれるように、子供は本人の意思とはまったく無関係に、その親の子供として生まれてきたわけであるから、この局面では同意の原理はあてはまらず、その関係は親子という生来的な身分でしか説明できない。だからこそ、子は親に対して、無条件的に保護と養育を求める権利をもつし、親は子供を養育する無条件的な義務を負う。つまり近代市民法の原理の柱となる同意の原理は、基本的には選択能力を有する理性ある成人どうしの関係を念頭に置くもので、親子のように血縁にもとづく自然的な関係を十分に説明できるわけではない。封建身分制は過去のものだが、依然として私たちは、偶然的にある人の子供となり、親から与えられた資質や環境を宿命的なものとして受け入れる他ない。しかし近代社会の成立と共に発展してきた科学技術は、この宿命を可能な限り、取り払うことに努め、選択可能な自由にすることに邁進してきたといってよい。男（女）として生まれてきたのは本人の選択や同意とはまったく無関係であり、かつては宿命として受け入れざるを得なかったが、医療技術の進展を背景に、男女の産み分けや性転換、また戸籍上の転換も認められるようになっている。また遺伝子操作技術の発展によって、親は受精卵段階で遺伝子操作をおこなうことで、子供の肌の色や身体的能力や知力も操作することが可能となりつつある（いわゆるデザイナーベビー）。人間の身体を操作するこうした技術は、個人の自由と選択を拡大するものとして、近代市民法の理念の延長上にあると言えるけれども、権利能力の主体である人間を、物やペットのように客体化しようとする欲望は、生命倫理学上の問題を孕むと同時に、人が権利主体であり、モノは権利の客体であるとする近代市民法の基本的構造を揺るがす問題でもある。

2. 市民社会を形成・維持する法的枠組み

(1) 民事法

民法の諸原則

さて、合意による拘束と秩序形成を可能とするためには一つの前提が求められる。それは、法律行為をおこなう資格（権利能力）をすべての個人に平等に承認するということである。

---

(1) 法は、このように規範的な側面と事実的な側面から見なければならない。規範的とは、国民が法律を定めたという、法の建前にかかわる側面であり、事実的とは、実際には誰の意向や利害が法律の内容を作り上げているか、という生の現実に関わる側面である。この事実的な側面を研究するのが法社会学や政治学の立法過程論と言われる分野である。

この原則は**権利能力平等の原則**として表現される。この原則を出発点として、自由で公平な取引や法律関係の形成のために、**契約自由の原則**、**財産権不可侵の原則**が導かれる。契約自由の原則は、私人の法律関係を自由に形成できるという意味で、**私的自治の原則**とも言われる。また、他人の権利や法律上の利益を侵害する場合、故意または過失を条件として、賠償責任を負うべきことを定める**過失責任の原則**(2)も挙げられる。これらは、民法の基本原則とされているものだが、独立した私人どうしが自由な意思で法的に結合するための基礎という点で、市民社会全体の出発点といえるものである。狭義の民法は、文字通り、「市民法」の体系全体を形成する第一の法と位置付けることができる(3)。では基本六法のうち、民法以外の法とはどのようなものか。

商法、民事訴訟法　民法は市民法体系の中核となる法であり、私法の一般法としての地位を占める。これに対して、同じ財産取引でも、商人たちによっておこなわれる商取引を特に規律するのが、民法に対して特別法の関係にある**商法**である。商法は、商人による大規模な商取引のルールを定め、またそれを可能にするために、会社という法人の設立やその組織ルール、資本の効率的な調達方法にかかわるルールを定める。会社に関する諸ルールはもともと商法典に含まれていたが、今日では商法から分離し、**会社法**という独立の法典を形成している。その他、**手形法**や**小切手法**、**保険法**も、広い意味での商法を形成する。

この二つの法が私法の基本的なルールを形成するが、このルールをめぐり、法律上の紛争が生じたとき、原告と被告が対等の当事者として法廷で弁論をおこない、中立の裁判官が判決を下すまでの手続きを定めた法が**民事訴訟法**ということになる。

以上、基本六法のうち、この三つの法律が民事法の分野を形成する。

民事法　私法　実体法　**民　法**　私人の財産権、身分権を規定
　　　　私法　実体法　**商　法**　商取引、商行為、会社の設立、組織を規定
　　　　公法　手続法　**民事訴訟法**　私人間の権利義務にかかわる訴訟手続を規定

(2) 刑事法

近代刑法の基本原則　市民法の中で、民事法と並ぶもう一つの系列を形成するのが刑事法である。その第一の法が、犯罪と刑罰を規定する刑法である。ただし、犯罪と刑罰を規定する法＝刑法は、民法とは異なり、決して近代市民社会に特有の法というわけではない。封建身分制国家でも専制国家でも、刑法に該当する法は世界のどこでも見られる。そこで重要となるのは、近代市民社会を前提とする近代刑法の思想や特徴である。

市民社会とは自由な個人を基本単位として形成される社会であり、諸個人の自由の確保を最大の目的と

(2) 過失責任原則は不法行為法を定める民法七〇九条以下で定められている。注意してほしいことは、この原則は、「他人の権利又は法律上保護される利益」を侵害しただけで、賠償責任が生じるわけではなく、「故意又は過失によって」侵害した場合に限られるということである。しかしこの原則だけでは被害者救済が困難になるので、製造物責任法や自動車損害賠償保障法などの立法によってこの原則を修正している例も多い。過失責任原則はもともと、事業者の経済活動を最大限尊重しようとする資本主義的な発想を出発点としている。

(3) 六法を並べるとき、憲法を第一に置くことも多い。これは憲法が段階構造をなす法秩序の頂点にある、という認識から生まれる。しかし市民社会を形成する法秩序の論理的な展開という意味では、民法を第一に置くのが自然である。

している。近代刑法はこの市民法の基本思想に沿うもので、ここから、**個人責任の原則**という刑法上の原則が導かれる。犯罪行為の処罰は、あくまでそれを実行した個人そのものを対象とするべきで、そうでない周囲の人間を処罰の対象とすることはない（むろん犯罪を教唆した者は、たとえ犯罪の実行行為をおこなっていなくとも、教唆犯として処罰の対象となる）。この個人責任の原則の対極が、封建身分社会で採用された、連帯責任の考え方である。連帯責任の発想は、犯罪行為に一切関与せず、あるいは関知しない場合であっても、犯罪者と同じ共同体に属し、犯罪実行者の日常を監視し、あるいは教育するべき立場にある者が十分な監視を怠ったことの責任を問い、処罰しようとする。現実の人間は、孤立した個人ではなく、実際には帰属する集団の中で、様々な影響を受けながら様々な行為をするのもたしかである。連帯責任の思想はその点に着目し、犯罪実行者以外の、その集団の構成員も処罰対象とすることで、一部の不心得者が出ないようにと、社会的な監視を強め、抑止を図ろうとする。この発想は社会の基本単位を個人ではなく、団体に置くのである。封建身分社会の克服をめざした近代の刑法は、この連帯責任の発想を完全に否認し、刑事責任をもっぱら個人責任として構成していくのである。

近代刑法におけるもう一つの重要な原則が、「法律なければ犯罪なし、法律なければ刑罰なし」との標語で表現される**罪刑法定主義**の原則である。何が犯罪であるかは、成文化した法によってあらかじめ規定されていなければならず、その規定がない以上は、いかに道徳的非難に値する行為であっても犯罪とはされるべきではない。同じように、刑罰も成文の法律で明確に規定されていなければならない。犯罪と刑罰の内容があらかじめ規定され、公開されることで、国民はどのような行為をすれば、犯罪となり、どの程度の刑罰を受けるかを事前に予測し、自分の行動を規律することが可能になる。これによって法に触れない限りで、市民の活動の自由は確保され、保障されることになる。

人権保障の砦としての刑事訴訟法

この刑法に定められた犯罪について捜査し、被疑者を取調べ、公判のルールや上訴の手続き等、判決が出るまでの一連の手続きの流れを規律するのが**刑事訴訟法**である。民事訴訟法と同様に、刑事訴訟法は手続法として技術的な性格が強く、地味な印象を与えるものではあるが、裁判権力という、国民が絶対に抵抗できない巨大な権力の適正な規律を図るという点で、国民の人権保障に直結する、重要な法律である。たとえ裁判で有罪にならなくとも、捜査機関が十分な証拠もなく手当たり次第に捜索をおこない、場合によって威嚇の手段として、国民の身体を拘束、取調べをおこなうこともある。捜査機関によるこうした行為は、刑事裁判以上に国民を恐怖に陥れる、自由な市民社会への脅威である。刑事訴訟法は、公判だけではなく、捜査機関や検察機関による公判の前段階となる捜査や取調も法律によって規律し、国民の人権を保障しようとしているのである。

戦前の日本における刑事司法の暗黒面を示すものとして、治安維持法がよく挙げられる。しかし正式裁判で、治安維持法違反の定める死刑判決を受けた者はいなかったことからも分かるように、より深刻な問題は、法廷での裁判以前の、捜査や取調べ過程にあった。当時の日本では法律による裁判や司法権の独立もそれなりに確立されており、人権保障にとって脅威となったのは、逮捕令状なくして、警察が国民の身体を予防的に拘束する行政執行法上の行政検束のような制度であった。治安維持法を根拠にした行政検束の濫用に対しては、行政訴訟による異議申立ても法律上封じられていた。プロレタリア作家・小林多喜二が特高警察に拘束され、拷問の末、死亡といった戦慄すべき事件も、取調べ過程が司法的なコントロールを受けず、違法な取調を規律するルールがほとんど機能しない局面で起きたものである。今日でも独裁国家で横行する人権侵害の本当の恐ろしさとは、自由に対する制限が厳しいということではない。たとえ厳しい制限が課されているとしても、捜査や取調べ、裁判が法律上の統制を受けていれば、それはまだ自由な状態である。それよりも人権に対する真の脅威となるのは、無令状による、期間制限のない身体の拘束や、法的救済手続きの一切ない状況下での拷問や脅迫的取調べ、弁護人も付けられない非公開の暗黒裁判など、刑事訴訟手続き全体がブラックボックス化され、裁判所による法的コントロールから免れた状態なのである。

こうした背景から、日本国憲法では、明治憲法と比較して、刑事手続き上の規定や権利が詳細に定められている。裁判の公開（三二条、三七条一項）から、令状主義の原則（三三条、三五条）、身柄拘束の要件（三四条）、証人尋問権（三七条二項）、弁護人依頼権（三七条三項）、証拠となるための資格、つまり証拠能力の規定（三八条二項、三項）など、詳細を極めている。これらの憲法上の規定は、刑事訴訟法であらためて規定されているが、刑事訴訟法の規定が、近代憲法の目的とする人権保障といかに密接にかかわり、また人権保障の中心となるものであることが分かる。だからこそ、刑事訴訟法上の諸ルールは、立法によっても変更できないものとして、憲法典に規定されているのである。

以上で基本六法のうち、刑事法の系列は終わる。まとめると以下のようになる。

刑事法	公法	実体法	**刑　法**	犯罪と刑罰を規定
	公法	手続法	**刑事訴訟法**	捜査機関による捜査、取調、刑事裁判を規律

（3）憲　法

憲法の特殊性

基本六法の法典のうち、最後に登場するのが憲法である。憲法を説明の最後にもってくる順序には違和感をもつ人もいるかもしれない。なぜなら法秩序は一つの段階構造を形成しており、憲法は段階構造の頂点をなす**最高法規**と考えられるからである。この意味で憲法を第一の法として位置づけるのは誤りではないし、六法全書の構成も通常そうなっているが、本書では、民法を出発点として、市民法体系が形成されていく内在的論理に即して説明している。憲法とは、民事法と刑事法を中心とする市民社会の法を、市民社会の外から支える国家法なので、狭い意味では市民法ではないとも言えるが、市民社会を公法の面から支える法として、市民法の一つともいえる。

憲法が最後に置かれるのはもう一つ別の理由として、その規範としての特殊性がある。もともと憲法は、立法手続きや国家の統治組織、三権を担う公職者の選任や継承の手続き等を定めるが、それは立法府や内閣のような、政治部門の行為に指針を与えるもので、行政官や裁判官に対して、特定の行為を直接に指示し、拘束することを想定する法ではなかった[4]。行政機関や司法機関は、議会による憲法解釈の結果としての法律に従い、また法律に基づく場合にのみ、その権限行使は正当とされたからである（法律による行政、法律による裁判）。つまり憲法とは、通常の法律とまったく同じ性質の規範とは言えない、特殊な性格をもつ。そもそも憲法は法規範ではなく、政治規範ではないのか、また憲法学とは政治学ではないのか、という議論も可能な分野だったのである[5]。

むろん今日では、憲法に法規範性があることは一般に認められているし、違憲立法審査制度を承認する現行の日本国憲法においては、裁判所が憲法を直接適用できるという意味で、裁判規範性も認められてい

(4) 日本国憲法七三条六号は、内閣の職務として、「この憲法及び法律の規定を実施するために、政令を制定すること」と定めているが、政令は、「この憲法及び法律」を実施するために制定されるので、法律を通り越して、「この憲法」を実施するためだけの政令の制定は許されないと解釈されている。これを認めると、内閣は国会と並ぶ、独立した立法機関となってしまうからである。

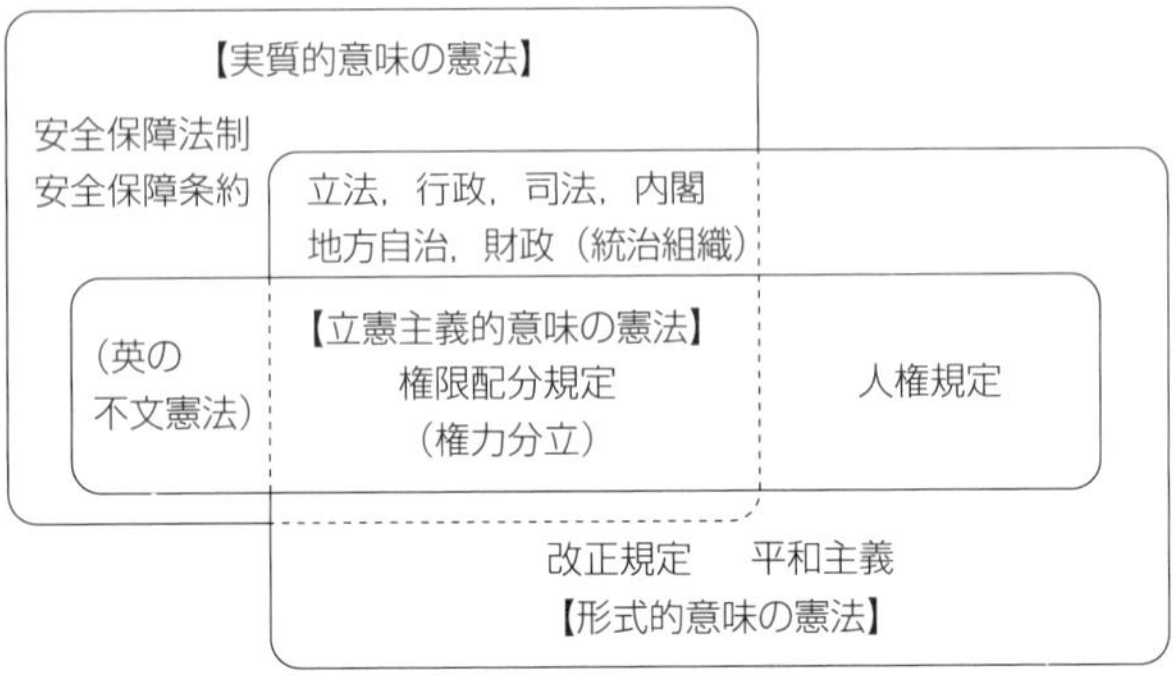

図2　憲法の多義性

る。しかし現在の憲法がもつ、このような性質は立憲政治の運用の中で形成されてきた歴史的な発展の結果であった。この意味で、今日、憲法学は法律学の一部門となり、これを含めて基本六法と言われる。[6]

憲法の多義性と「憲法典」、立憲主義　注意深い人は、ここまで憲法と憲法典という似た言葉が登場することに戸惑いを感じているかもしれない。ここで憲法という言葉の意味について、簡単に説明したい。憲法とは、英語でいう constitution の訳語だが、この constitution はもともと、国家の実質的な統治組織、「国制」を意味した。この意味での憲法は「**実質的意味の憲法**」とよばれる。実質的意味の憲法には、「日本国憲法典」のような憲法典だけに限らず、内閣法、国会法、裁判所法や皇室典範など、国家の基本的体制を形成する法律も含まれる。また国制を支える法規範が不文の慣習や法律、判例であれば、これも実質的な意味での憲法である。少なくとも国家である限り、実質的憲法をもたない国というものはない。これと対置されるのが「**形式的意味の憲法**」である。これは法形式上、法律と異なる「憲法」という表題をもつ成文の法規範であることを意味する。イギリスは実質的意味の憲法をもつが、形式的意味の憲法はもたない。しかし実質的憲法を構成する、憲法的法律はもっている。この形式的意味での憲法が法典化されたものが**憲法典**である。

立憲主義的意味の憲法

ところで憲法典や形式的意味の憲法は、国家の最高規範とされ、政治的に大きな権威をもつことから、実質的意味の憲法とは言えない、国家の理想や政治的宣言がしばしば盛り込まれる。(7) このため実質的意味の憲法と形式的意味の憲法とは内容が一致しないことも少なくない。しかしフランス革命以降、憲法典には、国家の基本的組織と関係なくとも、ある特定の価値内容を含むべきと考えられるようになった。その内容とは、フランスの人権宣言（正式には人及び市民の権利宣言）一六条で定められているように、**「権利の保障が確保されず、権力の分立が定められていないすべての社会は憲法をもつものではない」**という宣言から読み取られる、**権力分立と人権保障**である。この内容を含む憲法が、**立憲主義**（constitutionalism）**的意味の憲法**といわれる。いわゆる西側の自由主義的な憲法をもつ国々は皆、この考え方を採用した立憲主義的意味の憲法である。むろん不文憲法であるイギリスもこの内容を含んでいる。日本国憲法には、フランス人権宣言のように、権力分立を宣言した明確な条文は存在しないが、国会、内閣、司法を定めた四一条、六五条、七六条といった条文の結果として、権力分立的な

---

(5) 一七九一年フランス憲法では、第一編の最後で、「王国全土に共通する一つの市民法典が制定されなければならない」と規定されたが、この目標はナポレオンの帝政まで実現されていなかった。ここでも当時の憲法のもつ、政治宣言的な性格が見て取れる。

(6) ただし、最近では行政法を加えて、基本七法と言われることも増えている。行政法はもともと憲法の一部を形成する法領域だが、行政法が現代国家の中で占める重要性の高まりと共に、行政法が司法試験の必須科目として明確に位置づけられたことが大きい。

(7) たとえば憲法改正論議の中で、環境権と共に、地球環境の保護を盛り込もうとするような例を考えることができる。環境保護の宣言は国家の政治体制とは関係がないけれども、憲法典に盛り込むことによって、国政上、追求するべき目標（プログラム）として、環境保護政策を立憲政治の上で優先事項とすることができるのである。

統治構造ができ上がっている。

多数者支配を制限する立憲主義

人権宣言は、近代の立憲主義にとっての本質的な要素となった。ただし、人権として保障されるべき自由と、制限されてよい自由の境界はどうやって決めるのか、ということはつねに問題となる。たとえば、計量の基準を定め、適正な計量の実施の確保を目的とした、計量法（平成四年法律第五一号）という法律が日本にはあるが、この法律により、伝統的な尺貫法に依拠した定規の販売や、尺貫法を使用単位とする取引は禁止されている。この禁止は、表現の自由や経済活動の自由を保障する憲法に違反しないかを問うことも可能である。つまり自由を保障し、あるいは制約する立法には、憲法における人権保障条項の解釈が必ず求められる。この解釈をおこなう第一次的な機関が、立法府である議会である（国会は、計量法による制限は人権を制限しない、という憲法解釈の結果、法律を制定したといえる）。この発想には、選挙で選出された議員ならば、当然に国民の自由の擁護者であり、人権を侵害する法律を制定することはあり得ない、つまり民主主義が実現されていれば、国民の自由や人権は自動的に保障される、という楽観的な想定がある。しかし現実にはこれは素朴な思い込みにすぎない。なぜなら国民の代表者である立法者は、実質的には国民多数者の代表にすぎず、国内に居住する少数民族や政治的な少数意見を十分に代表できるとは言えないからである。絶対に多数派になれない、少数者集団に属する人々の自由は、多数決制度によって人権を保障されるどころか、むしろ多数者意思によって迫害される可能性すらある。(8) ナチス体制とは、多数者の力を背景に、合法的に少数者であるユダヤ人の財産や生命を侵害した体制であった。第二次大戦中、日本から移住してきた日系アメリカ人は、法的にはアメリカ国籍をもつにもかかわらず、敵性外国人との理由で財産を接収され、不毛の地に強制収容され、苦難の生活を強いられた。この出来事も、多数派の支配である民主主義が少数者の人権保障には役に立たないどころか、むしろ積極的に侵害する可能性があることを示す例の一つである。[9]

法の支配としての違憲審査制度

そもそも多数決とは、より多くの人々がその決定に満足できるというだけで、内容的に正しいという保証はどこにもない。その意味でも、民主制の原理は、一定の限度で制限することが人権の保障にとっては必要となるのである。こうした問題意識から、第二次大戦後は、アメリカで始まった違憲法令審査権の制度が世界的に広まり、日本国憲法もこれを採用している。少数者の人権を保障するために、民主的立法の内容を審査し、制限するこの考え方、理念を**法の支配**という。「多数者の支配」を意味するデモクラシー（民主主義）は重要な原理であるけれども、多数者支配を絶対化してはならない、という認識は、現代の先進諸国でほぼ共有された政治哲学といえる。

とはいえ、多数者支配を制限できる違憲立法審査制度をもつアメリカでも、日系人の強制収容問題を生み出したように、裁判官が法令を審査するから、それで少数者の人権は確実に保障されると安心することはできない。立法者であれ、裁判官であれ、審査するのは最終的には人間である。民主的に選ばれた立法者であれ、優秀な成績で試験に合格した裁判官であれ、人はつねに偏見をもち、誤った判断を下す可能性をもつ。民主主義だから、立憲主義だから、という理念だけで、その国の制度が安心できるということにはならない。この認識は学問以前の、常識として弁えておくべきことだろう。

（8）少数者集団は自らの民主主義を実現するために、多数者支配を逃れて、あらたに独立した国家を設立し、この問題を解決しようとする。

（9）この問題が法的に明確に決着したといえるのは、一九八八年に、レーガン大統領が「日系アメリカ人補償法」に署名してのことであり、戦後四〇年以上が経過してからであった。

3. 社会法の領域

(1)「同意の強制」――自由主義のもたらす弊害――

市民法思想の依拠する国家観と人間像

市民法の体系を支える基本六法は、自由主義や資本主義、個人主義にもとづく国家や社会を法的に支える骨格である。しかし現代国家の法秩序は市民法だけで支えられているわけではない。市民法に立脚する自由主義や個人主義とは異なる、社会法という領域が今日ではきわめて大きな法領域を形成している。

市民法の思想とは、自由かつ平等な個人を法秩序の単位とし、その享受する自由を可能な限り拡大しようとする。近代市民法において個人とは、何が自分にとって最善であり、最も利益となるかを合理的に判断できる理性的な存在であり、そうした人々の享受できる自由を最大化することが社会や国家にとっても利益をもたらすという、楽観的な、**自由放任主義**の思想と結びついている。このような思想に立脚した国家観は、**自由（消極）国家**と言われる。

しかし人間存在を率直に観察すれば、誰もが合理的で理性的判断能力をもつという想定は必ずしも現実とは一致しない。人は他者との結びつきや協同があって、はじめて人間らしい生活を営むことが可能になる存在であり、合理的な個人という側面だけで人間は捉えられない。自由な個人とは、市民法体系の出発点であるけれども、時として合理的には行動しない人間、集団の中で拘束されることで保護され安心できるという側面も考慮しなければ、現実の諸問題を解決することはできない。

経済的力関係が契約の内容を決める

市民法における契約自由の原則とは、平等な人格が、自由な合意によって契約を締結したから、契約に拘束されるとしても、本人は依然として自由である、という考え方で支えられている。しかし経済社会の実態は、明らかにそうとはいえない実例であふれている。契約の内容は当事者が自由に決定できる、という法的な建前とは別に、現実に締結される契約の内容は、当事者の経済的・社会的力関係を反映した結果であることは少なくない。大企業は下請けの企業に対し、自社に都合のよい条件や安い価格での契約を求める。インターネット上のオンラインモールを運営する大企業は、消費者に「送料無料」をアピールするため、出店企業に商品の配送料を全額負担させるような都合の良い規約改定を求めてくる。大規模なオンラインモール企業の集客力で商売をしている出店企業にすれば、その規約改定は自社にとっては一方的に不利だが、そこで商売を続けさせてもらうために不利な規約改定を呑まざるを得ない。結果的に、対等ではない当事者の力関係を反映して、事実上の値引きを一方的に強要する規約や契約が、法的には「両当事者の自由な合意」という形で空々しく正当化される。コンビニエンスストアの本部企業が、加盟店に対して収益の分配方法、店舗運営の形態等で、一方的に有利な内容のフランチャイズ契約を求めてくることも、社会問題になっている。ここでも本部企業と加盟店との関係は、契約上の建前である平等ではなく、事実上の経済的力関係あるいは支配関係によって規定されている。経済的弱者である加盟店は、大手ブランド企業の名で商売をさせてもらうため、深夜に入る客がゼロに近く、開店する経済的合理性がゼロに近い場合でも、その人件費や高熱費用等、すべて加盟店負担で二四時間営業を強要される。また本部企業の販売キャンペーンに従い、実際に売れる見込みのない商品の大量購入を強要され、売れ残った場合のコストも加盟店負担とされる。売れ残り商品の値引き販売すらも本部企業の提示してくる契約では禁止されるなど、とうてい自由とも平等ともいえない契約が、経済的支配関係を背景に強要されてしまうのである。

労働契約を規制する必要

こうした経済的な力関係を反映した、強者による弱者に対する搾取といえる事例は、雇用の場合には、さらに深刻になる。景気が悪く、人余りの状況では、労働市場における賃金は下がり、労働条件も労働者にとっては悪くなる傾向にあるが、これをそのまま放置すれば、時給が五〇〇円とか四〇〇円といった、事実上生活不可能な賃金条件ですら、求職者はこれを受け入れ、最悪の条件で労働せざるを得ない場合が出てくる。しかし市民法の契約自由の原則は、こうした契約すらもすべて両当事者の「自由な合意」として尊重されるべきとの思想に立脚している。こうした力関係の反映も、すべて自由市場のメカニズムであり、市場に委ねるべきであるといった主張（新自由主義）を展開する経済学者も少なくないが、この状況を放置すれば、事実上の奴隷状態も自由な市場取引の結果として正当化されることになる。

本人の同意がつねに自由な意思とは限らない

こうした不当な事例が生じる要因は、「契約とは対等な当事者による自由な合意であり、当事者は合意の内容を遵守しなければならない」という、市民社会・市民法の基本原理あるいはイデオロギーにある。むろんこの原理は、私たちが現に享受している市民社会の自由を支える根幹であるから、全面的に否認することはできない。しかし「自由な合意」という建前とは裏腹に、事実上の強要、強制があることもたしかなのである。社会的・経済的弱者は、強者に都合のよい契約条件へのそのまま同意を強制されるのである。自由な同意の強制とは矛盾した表現ではあるけれども、現実の社会にはそのような事例で満ち溢れている。強者は「自由な合意」という建前を武器に、弱者の利益を収奪し、より富み栄えるという現実は否定できない。市民社会とは自由競争にもとづく資本主義社会であるから、もともと弱肉強食の原理を、一定程度、容認している。しかしその行き過ぎを放置すれば格差は極端に拡大し、社会的な統合や一体性が失われ、民主主義にもとづく政治も危ういものになる。

こうした問題意識から、二〇世紀以来、社会法や経済法といわれる領域が発展してきた。この領域については、いろいろな区分の仕方があるが、①労働法、②経済法、③社会保障法といった分野に大きく分けることができる(10)。

(2) 社会法の諸分野

労働法　労働法は、労働関係を規律する法律分野を総称したものである。代表的なものとして労働基準法、労働関係調整法、労働組合法（併せて労働三法とよばれる）や、労働者の勤務環境の適切な管理を求める労働安全衛生法、就業規則の内容を規制する労働契約法、労働者の最低賃金を定める最低賃金法など多岐にわたる。雇用側と被雇用側という、本質的には対等ではない（非対称的な）関係にある当事者関係において、契約内容が社会的・経済的に適正な内容となるように、国がその契約内容を大幅に規制し、労働者の環境を整えるべき義務を規定している。

経済法　経済法は戦時中の統制経済立法として発達した。当時は戦時体制を構築するという目的があったが、格差と貧富の差を拡大させる自由主義的な競争や資本主義の行き過ぎを抑え込もうとする意図をもっていたために、戦時中に形成された統制経済立法は、戦後も食糧難などの事情を背景に、継承されていく。食糧管理法による食料物資の配給制度が戦時中におこなわれたことはよく知られ

(10) 基本六法の外にあるこれらの諸分野は、総称して社会・経済法とよばれることが多いが、ここでは一括して社会法とよぶ。労働法分野は社会法の一分野だが、労働契約の規制という意味で経済法的な側面もあるため、ここでは労働法、経済法、社会保障法という三つに区分することにした（五十嵐清『私法入門（改訂三版）』有斐閣、二〇〇七年参照）

ているが、戦後も長らく、米穀を政府がすべて買い上げる食糧管理法の体制は継続した(11)。

戦後の経済法の特徴として、占領統治を背景に、アメリカからの強い影響を受けた独占禁止法の導入がある。独占禁止法の正式な名称は「私的独占の禁止及び公正取引の確保に関する法律」（昭和二二年法律五四号）という。これは私的独占、不当な取引制限、不公正な取引制限を禁止し、また消費者の利益を害するような企業結合（カルテル）規制等をおこない、市場を独占的に支配する者によって、公正な価格形成や公正な取引が阻害されないようにすることを目的としている。先に説明した、元請会社と下請会社の関係やインターネットモール企業と出店企業、あるいはコンビニ本部と個々の店舗運営企業との関係を規制するのも独占禁止法の役割である（独占禁止法二条九項、一九条）。その他こうした元請けと下請け関係を規律する法としては下請代金支払遅延防止法（通称「下請法」）（昭和三一年法律一二〇号）がある。不正競争防止法（平成五年法律四七号）は、競合関係にある企業の評価を意図的に貶めるような風評を流す、虚偽の表示による販売、産業スパイによる技術の取得など、市場における公正な競争を阻害するような行為を禁止する。不当景品類及び不当表示防止法（昭和三七年法律一三四号）は、消費者保護を目的として、不公正な取引に国家が適切な規制をおこなうことを認める。

これらの法は、自由主義的な市場取引に対する、社会国家的な理念にもとづく統制を目的としていると言えるが、市場社会における公正な取引や価格形成をめざす点で、自由主義的な理念をもつ市民法から生まれたとの見方も可能である。

社会保障法　近代の資本主義社会は、個々人を地縁や血縁の拘束から解放したが、そうした人々が産業構造の転換と共に職を求めて集まるのが都市であった。しかし急速に発達した都市では失業、疾病、さらに身寄りのない高齢者がどう生きていくかという問題が発生する。こうした環境の中で、孤立した大量の人々が経済的問題や心身の問題を抱えるようになるとき、社会はどのようにこれに対処するべきか。資本主義を前提とする市民社会はそうした人々を支える制度を構造的にもっていなかった。二〇世紀以降本格化したスラムなどの都市問題、貧困階層の出現に対処するため、先進資本主義諸国は、年金制度や失業保険制度、医療保険制度等を充実させていく。我が国では大正時代に、現在の原型となる健康保険法（大正一一年法律七〇号）が制定された。また今日の年金制度につながるものとして、国民年金法（昭和三四年法律一四一号）、厚生年金保険法（昭和二九年法律一一五号）などが整備された。

これら一連の法律は、今日の**福祉国家**（または**社会国家**とも言われる）を支える重要な基盤となっている。わが国ではこの分野を総合的に規律するような統一的な法典はなく、個別の立法の集積で形成されているが、六法全書の編集において、まとめて社会法というまとまりで掲載されている。法典化を好むフランスやドイツでは「社会保障法典」として、社会保障を統一的な理念の下で形成し、コントロールしようとしている。

自由主義的競争に参加できない人々の受け皿　資本主義を前提とする市民社会と市民法は、独立した立場で、自己の人生の目的を設定し、それを合理的に追求し、競争する、心身共に「強い個人」を念頭に置いている。強く、創造性あふれる諸個人が、様々な社会的価値や利益を生み出し、市民社会の繁栄を支える一方、競争から脱落した人々、また様々な問題から、競争に参加すらできない諸個人もいることもたしかである。不利な立場にいる人をすべて自己責任の結果と切り捨てることはできない。個々人の成功や失敗も、社会や経済の状況と無関係なものではありえないからである。自由主義の社会は個人の利益を追求する結果、必然的に脱落者や貧困者を生み出すが、その量や質が一定の限度を超えるならば、一つの勢力

（11）食糧管理法が廃止されたのは一九九五年である。

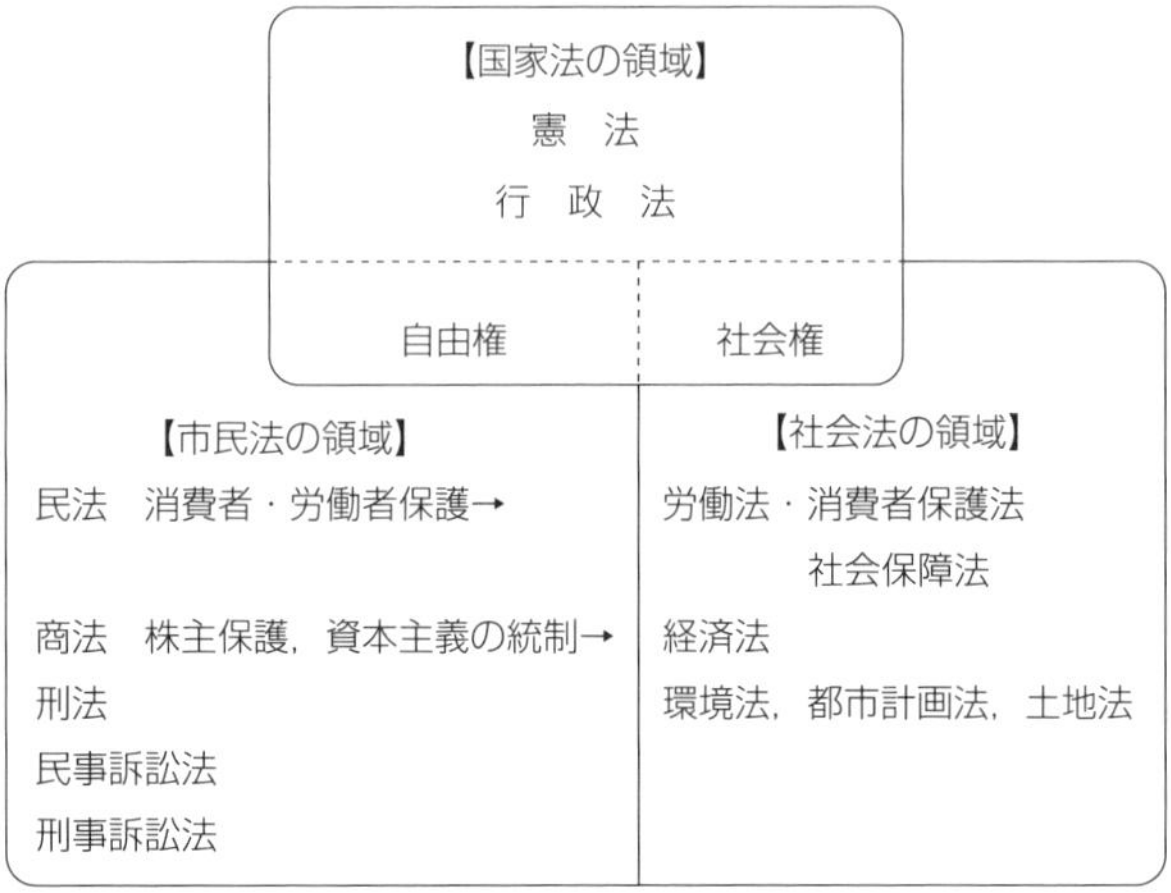

図3　市民法，社会法，国家法の関係

となり、社会の分断をもたらす可能性をもつ。社会法の理念は、個人単位の自由主義的な方向性を緩和し、共同性や社会の連帯や一体性の回復を志向する法分野といえよう。

しかし重要なことは、どちらか一方を極端に強調するべきではないということである。自由主義が極端に進むと、少数の富裕層が社会の富の大半を支配するいびつな社会となり、民主主義もまともに機能しなくなる。社会は富裕層による貧民の支配や抑圧を正当化するようになるか、逆に貧民層が数の力で富裕層の富を奪い、個人の自由や財産が多数者の意思によって踏みにじられる社会となるだろう。後者が極端になると、個々人の創意工夫や努力は抑えつけられ、新たな価値や富の生み出されることのない発展性のない社会となる。この二つの対立する方向性の間で、適切な地点を日々模索し、調和を図るのは、今日の市民社会の課題である。このためには経済学、社会学、経済学などの社会科学諸分野と法律学との政策的な協力関係も重要になる。

第五章　裁判所と権利の救済

これまでは市民法体系について実体法に焦点を当てた説明をしてきたが、ここからは裁判所の制度や手続きに焦点を当てて説明しよう。

1．戦後日本の司法制度の特徴

(1) 終審裁判所としての最高裁判所

日本国憲法七六条と裁判所法

日本国憲法は第六章において、司法権のあり方を規定している。その最初の条文である七六条一項は「すべて司法権は、最高裁判所及び法律の定めるところにより設置する下級裁判所に属する」とし、続いて第二項で「特別裁判所は、これを設置することができない。行政機関は、終審として裁判を行ふことができない」と定めている。この規定を受け、裁判所法（昭和二二年法律五九号）は、最高裁判所と共に、下級裁判所として、高等裁判所、地方裁判所、家庭裁判所、簡易裁判所の制度と組織を定め、「裁判所は、日本国憲法に特別の定のある場合を除いて一切の法律上の争訟を裁判」（裁判所法三条一項）するものと定めている。

法律上の争訟は最高裁判所によってすべてコントロールされる

かつての明治憲法下において、大審院を頂点とする通常裁判所は司法裁判所として、主に民事事件と刑事事件をつかさどる裁判所組織であった。行政事件については、別に設置された行政裁判所が管轄していたのである。このように裁判所組織を区分する発想の根底には、民事法と刑事法といった市民法については、市民社会の紛争処理機関である司法裁判所に委ねるべきだが、行政法や国家法にかかわる事件とは、国家の領域にかかわる問題であるから、行政の専門知識をもち、行政権の行使に責任を負う特別の裁判所が必要であると考えられていたからである。こうした発想にもとづく制度は今日でもヨーロッパ大陸では維持されている。たとえば法令の違憲審査についても、日本やアメリカでは通常裁判所がおこなうが、ドイツをはじめ、ヨーロッパ大陸諸国では、別に憲法裁判所を設置している国も多い。明治憲法体制はヨーロッパ大陸法の影響下で制定されたので、行政裁判所の制度が採用されていた。

しかし第二次大戦後、わが国の制度は、憲法だけでなく、行政制度や司法制度でもアメリカの影響を受けて大きく改革された。アメリカの司法制度において、裁判所とは民事刑事の市民法だけではなく、法律上の紛争であれば、行政事件であっても、最高裁判所を頂点とする司法機関が連邦の法律を一元的に管轄している[1]。日本国憲法はこのモデルを導入した結果、行政裁判所は廃止され、今日では行政事件も含め、すべて最高裁判所以下の裁判所が法律上の争訟を扱うことになっている。「すべて司法権」が、最高裁判所以下の裁判所に属し、また「特別裁判所」を禁止する七六条の規定にはこうした歴史的背景がある。もし日本で、違憲審査を専門に扱う憲法裁判所を設置しようと考えるなら、この部分の憲法改正が必要になる。

裁判官はあらゆる紛争を適切に判断できるか

このように、最高裁判所が頂点となり、あらゆる法律事件を一元的にコントロールする方法にはどのような利点があるのだろうか。この方法には、かつての行政裁判所や、陸海軍の軍法会議といわれる軍事法廷のような、行政や軍の特権的地位を否定するという意義がある。しかし特別裁判所が設置された背景には、市民法の専門家である司法裁判所の裁判官に、行政部門の専門知識をもつことまで期待するのは難しいという判断もあった。ヨーロッパ大陸諸国で、法律事件を一元的にコントロールする最高裁判所を置かないのはそうした理由がある。

さらに社会の組織が複雑化し、あらゆる領域で専門知識と専門家による判断がますます求められている現代において、法律専門家でしかない裁判官が、法律問題というだけで、あらゆる訴訟をはじめから最後まで扱うのはかなり現実離れした状況になりつつある。裁判をおこなうのに法律の知識は不可欠だが、様々な事件において問題となる専門知識がなければ適切な判断が困難であるケースはますます多くなっている。原子力発電所の再稼働の是非を求める訴訟、医療過誤訴訟、新規の発明かどうかをめぐる判断など、法律上の知識だけでは十分に対応できない。

行政審判や専門裁判所の必要性

このため今日では、最高裁判所のコントロールを受けるけれども、知的財産高等裁判所のような専門裁判所や、裁判所に提訴する前段階としての専門の審判機関が整備されている。また行政にかかわる問題については、**行政審判**といわれる一種の裁判制度が行政機関の様々な部署において設置されている。たとえば税の徴収について異議ある場合には、原告はいきなり裁判所に提訴するのではなく、国税庁に属する国税不服審判所に、不服申立ての審判を求めるところから始まる。そこでは国税徴収の業務からは相対的に独立した審判員が、税法の立場から、処分が適切であったか判断し、裁判所の判決にあたる**裁決**を下す。

ただ、この結論はあくまで行政部内における判断であり、法律上の解釈にかかわる最終的に拘束力をもつ判断ではない。不服申立てをした原告が、裁決の結果に満足できない場合には、正式の裁判所にあらた

（1）ただし、アメリカの場合、州の最高裁と連邦の最高裁とが別の系統として存在することには注意する必要がある。

めて提訴し、判断を求めることができる。

行政による専門的な判断を下す組織はその他にも多い。特許の登録を求める場合、特許庁の審査が必要だが、登録を拒絶された場合、特許庁審判部での審決を求めることができる。この結果に不服がある場合には、知的財産権を専門に取り扱う、知的財産高等裁判所に上訴できる（特許法一七八条一項）。知的財産高等裁判所は、東京高等裁判所の支部としての位置づけで、専門知識をもつ特許庁の審判官が下した審決は事実上の判決に近いものとして尊重され、上訴の回数は限定されているのである。

一元的な法解釈の維持と専門的判断を調和させる必要性

こうした行政審判制度がある一方で、現在のわが国の司法制度では、あらゆる法律判断は、最終的に最高裁判所のコントロールを受けるようになっている。「行政機関は、終審として裁判を行ふことができない」という憲法七六条二項の規範はこのような形で実現されている。ここには訴訟の判断において必要とされる専門的知識と、最高裁判所を頂点とする司法機関による一元的な法解釈を両立させようとする姿勢が見られる。

（2）裁判所の機能と限界

裁判所は「法律上の争訟」しか扱わない

裁判所法三条一項は、「裁判所は、日本国憲法に特別の定のある場合を除いて一切の法律上の争訟を裁判し、その他法律において特に定める権限を有する」（傍点筆者）と規定している。この条文は、裁判所のもつ機能の限界も定めている。つまり裁判所が判断するのは、あくまで「法律上の争訟」、つまり法的紛争だということである。法的な紛争とは、権利義務にかかわる争いを意味する。言い換えれば、権利義務にかかわりのない紛争については、現実にいかに深刻なものであるとしても裁判所による裁判の対象とはならない。たとえば宗教組織内部における教義をめぐる論争は、かつては政治的紛争にもつながる深刻なものでもあり得たが、今日の司法制度では判断の対象とはされない。学術上の論争も同じである。学術的な主張の正しさは、学者たちの学問的論争に委ねられるべきものである。また政治的な紛争や論争についても、権利義務にかかわるものでない限り、国会その他の政治の場において決着をつけられるべきもので、司法判断の対象にはならない。

警察予備隊違憲訴訟

政治的論争は、そのままの形では司法判断の対象とはならないことが明確に示された事例として、**警察予備隊違憲訴訟**がある。一九五〇年の朝鮮戦争を機に、政府は旧軍隊の軍人を再結集する形で、警察予備隊を組織したが、この組織は憲法九条二項における戦力不保持の文言に反するのではないかとの批判が当然生まれた。そこで当時の社会党委員長である鈴木茂三郎は、最高裁判所は法令の違憲審査をなしうると規定する憲法八一条を根拠に、警察予備隊法が憲法九条二項違反であることの確認を求め、提訴した。この事件は結局、却下という結果で終了した（最大判昭和二七年一〇月八日民集第六巻九号七八三頁）[2]。**却下**とは、裁判として訴えの内容を審理する要件を備えておらず、訴えを受け付けないという結論である。訴えの内容を審理した上で、理由なしとして否認する判決は**棄却**とよばれ、却下は棄却とは異なるので注意されたい。メディアでは、却下を「門前払い判決」と呼ぶことが多い。

却下という結論が存在するのはなぜか。裁判所は、法律上の争訟としての要件を備え、管轄権の範囲内の争訟だけに裁判を限定するべきであり、それ以外の、無限に広がる紛争のすべてに立ち入るべきではない、という考え方がこの背景にはある。警察予備隊法を制定するかどうかは、国会内での政治的論争であ

（2）「我が裁判所は具体的な争訟事件が提起されないのに将来を予想して憲法及びその他の法律命令等の解釈に対し存在する疑義論争に関し抽象的な判断を下すごとき権限を行い得るものではない」。

り、いかなる結論を採るかは政治家たちの論争に委ねられるべき、というわけである。この考えは、権力分立を構成する司法権の独立の思想とも関係している。裁判官は政治的な紛争には関与せず、中立の立場に立つことによって、立法者をはじめとする政治家は、裁判所の判断を尊重するし、政治による司法への介入は許されない、という根拠が生まれるのである。警察予備隊法は憲法九条二項に反する可能性があるかもしれないのに、法律上の争訟ではない、とされるのは、その法律によって誰かの権利が侵害され、義務が課されるという訴えがなかったからである。権利の侵害を伴うことのない単なる立法は、憲法違反の可能性があるとしても、それは憲法解釈者でもある政治家たちの議論に委ねられ、裁判所はその問題にまで関与はしない。つまり裁判所による法令の憲法判断は、法律上の争いを解決する過程で必要になる限りにおいておこなわれる。これが警察予備隊違憲訴訟の最高裁判決で示された見解であった。このように、法律上の争訟を解決するのに必要な限りでのみ憲法判断をおこなう制度を、**付随的違憲審査制**[3]と言う。最高裁はこの立場を採ったのである。

憲法判断の回避　ただ、現在の日本の訴訟実務では、訴訟の間口を厳しく狭めるルールは訴訟技術の進歩によってかなり崩壊しているといえる。警察予備隊違憲訴訟の時代は、まだ日本国憲法の制定から間もない時代であり、違憲審査制度にかかわる日本国憲法の解釈も確立されていなかった。原告にしてみれば、却下という残念な結果に終わったものの、現在は、このような形で訴訟が決着することはほぼないだろう。裁判所が求めているのは法律上の争訟という要件であるから、原告としては、個人の権利侵害という形に結び付けてしまえばよいのである。こうすれば裁判所は訴えを受理せざるを得ない。たとえば違憲の疑いある法律が制定されたことで、精神的苦痛を受けたので、損害賠償を国に請求する、という形式にすれば法律上の争訟としての形式は整い、この点に関しては、少なくとも却下されることはない（むろん棄却されることはあり得る）。このような訴えは多くの場合、政治的な目的をもって提起されるもので、原告はほとんどの場合、損害賠償を本来の目的とはしていない。立法や行政処分について、裁判所に憲法違反と確認させることを目的としている。

原告によるこうしたもくろみに対して、裁判所は憲法判断に踏み込むことなく、損害賠償請求の可否を判断するだけで終わらせる場合も多い。裁判所は、原告の請求に理由があるかどうか判断する過程で、必要な限りで憲法判断を行えばよいのであり、憲法判断なしで損害賠償請求の可否が判断できるなら、敢えて立法の合憲性判断に踏み込む必要はない、と裁判所は考えるのである。このように、憲法判断にどうしても伴う政治的性格を考慮して、可能な限り、憲法判断を回避しようとする姿勢は、**司法消極主義**とよばれる。その反対に、客観的な憲法規範を守るために、積極的に憲法判断に踏み込もうとする姿勢は**司法積極主義**とよばれる。

あらゆる論争は法律上の争訟とされてしまう？

裁判所は法律上の争訟のみを扱い、この世の中で無限に存在する紛争をすべて抱え込むことはしない、というのが司法機関の基本的立場である。しかし裁判所は権威ある機関なので、紛争の当事者は裁判所に訴えることによって、自分の主張が正しいことを宣言してもらいたいと考える場合が多い。たとえば太陽が地球の周囲を回っているのか、地球が太陽の周りを回っているのかといった、かつての天動説と地動説の論争のような問題は、純粋に学問上の問題として、裁判所に持ち込んだところで、却下で終わる。このような論争を持ち込まれては、法律の専門家でしかな

（3）その反対に、私人の法律上の争訟がなくても、憲法規範に反する疑いの法令があれば、裁判所は審査できる制度を、**抽象的違憲審査制**という。ただし、抽象的違憲審査を採用している国々では、司法裁判所とは異なる、独立した憲法裁判所によっておこなわれる場合が多い。特別裁判所の設置を禁止する日本国憲法ではこれは禁止される。

い裁判官としては迷惑な話であろう。しかしそう単純には割り切れない場合も少なくない。

アメリカにおける一連の進化論訴訟というものを聞いたことがあるだろうか。アメリカでは、聖書に書かれている文言の一言一句すべては歴史的事実であると信じる、原理主義者（ファンダメンダリスト）とよばれる人々が少なからず存在する。原理主義者は、生命や自然は、神の手によって直接に創造されたものと強く信じており、進化論を激しく排撃する。個人としてそう信じることはもちろん信教の自由であるが、かつてはこの立場から、州によっては進化論を学校で教えることを禁止する州もあった。どちらが正しいのか、この問題の本質は完全に、学術や宗教、世界観をめぐる論争であり、いずれにせよ、法律上の争訟と言えるものではない。だから原則的に考えれば、この問題は裁判所を舞台にして議論される条件を備えておらず、裁判官は当然、訴えを却下することになる。ただ厄介なのは、こうした論争ですら、個人の権利侵害と関連づけられれば、法律上の争訟となってしまうことである。たとえば、創造説を信じる親が、子供に原理主義的な宗教教育を施している中で、子供が学校で進化論を教えられた場合、その親は、教育権の侵害であると、公教育を担っている州を訴えることも可能である。問題の動機や本質は、法律上の争訟と言えるものではないが、教育権を侵害された、という限りで、この紛争は法律上の争訟となり得るわけで、こうなれば訴えを認容するかどうかは別として、単純に却下はできなくなる(4)。こうした形で、本来は法律上の争訟と言えないものまで、次々に裁判所に持ち込まれる。裁判所は破綻に近い状態になっているというのが今日の先進国の現状であろう。

2. 市民法における裁判の理念とモデル

（1）公正な裁判の条件

法律による裁判

人間の社会で生じる紛争はすべてが法律上の争訟というわけではない。裁判所の扱いかねる紛争や諍いはこの世の中にいくらでも存在するが、平和な生活のためにも、それらは何らかの形で決着をつける必要がある。しかし決着の付け方は様々であって、必ずしも法律を用いるわけではないし、専門職としての裁判官が必要なわけでもない。つまり紛争当事者間の争いを仲裁し、あるいは裁くという意味において、法律は必ずしも必要不可欠なものではない。裁判をする権力とは、必ず司法権であるわけではなく、歴史的には単なる裁判権にとどまる場合もあったのである。

しかし自由の確保を目的とする法治国家の理念は、国家権力の行使としての裁判権を、専制政治や恐怖支配の道具とされることのないよう、法律にもとづき、行使するべきものとした。権力分立を提唱した政治思想家モンテスキューは、絶対王政下で行使される、恐るべき裁判権を、恐ろしくないようにするための方策として、裁判官を「法律を語る口」にするべきことを説いた。法解釈の章で述べたように、法律には様々な文脈に応じた解釈が必要で、決して自動的に正しい法解釈が出てくるわけではない。しかし少なくとも裁判が法律にもとづいて行われるべきことは必要なのである。

（4）この問題は現在でも決着はついていない。かつて一部の州にあった、進化論を教えることを禁止する反進化論法は現在はなくなっているが、今日でも、学校で創造説を教えるべき、あるいは進化論と創造説との論争を教えるべき、といった議論は続いているという。

裁判が法律にもとづき、専門の法律家によっておこなわれるということは、人類の歴史上、大きな進歩であり、社会の合理化を表している。しかし裁判が法律によっておこなわれることは、公正な裁判実現のためには必要条件ではあるけれど、まだ十分とは言えない。たとえ法律にもとづく裁判であっても、抗弁の機会も与えられることなく、一方の側の告発だけを根拠に処罰されるならば、そこに公正さは存在しない。裁判官は両当事者の言い分を公平に聞き、事実を認定して、はじめて適切な判決を下す可能性も生まれる。

事実は対立する両当事者の主張で形成される

この、中立の立場にある裁判官が両当事者の意見を十分に聞き、判断を下すというモデルは、私人間の紛争である民事裁判においては比較的素直に受け入れられるが、犯罪の被告人を当事者とする刑事裁判においても、民事裁判と同様に、重要である。犯罪を実行したかどうかの事実に関する弁明、あるいは犯罪を実行していたとしても、なぜそうした行為に至ったかについての本人の言い分を聞くことがなければ、真実からかけ離れ、不公平な事実が認定されるだろう。たとえば被疑者による殺人の実行行為が事実であるとしても、それは正当防衛であったかもしれない、あるいは暴行を加えるだけのつもりが、はずみで死なせてしまったのかもしれない、すでに死亡していた人を、生きていると誤認してナイフを突き立てたのかもしれない。そのような場合、その行為は殺人罪になるのか殺人未遂なのか、それとも無罪なのか。このように、一口に、AがBを殺害したという事実を取っても、その背景や状況は無限にあり、殺人罪の成立を阻止する条件も無数に存在する。そのためには裁判を受ける当事者の抗弁や反論の機会を保障することが不可欠である。

往々にして我々は、警察発表や、それをろくに検証もせずに流しているだけのマスメディアの報道を、確定した真実だと思い込み、義憤にかられたり、悲しい気持ちになったりしがちである。だがその「事実」

は、まだ裁判すら始まっていない段階で、捜査機関という一方の側にある組織による主張にすぎない。捜査機関は公的機関であるとはいえ、法的には何の検証も受けていない、一方当事者の話が報道されているだけなのである。そこで発表されている事実やストーリーが真実なのかどうかは、被告人に反論の機会を与え、それを中立的な立場の裁判官が法律上の手続きにしたがい、証拠や証言を吟味し、合理的な疑いを差し挿む余地のないと言える段階で、はじめて法的に意味をもつ事実となるのである。

適正手続きの保障

裁判を受ける権利（憲法三二条）が保障されることは、国民の自由を保障する上で、最大で最後の砦となる必要な権利だが、それに加えて、公正な裁判を成立させるための必要な条件が満たされなければならない。刑事裁判の場合、被告人は公平な弁明の機会を与えられ、公正な手続きの中で裁判を受ける権利が保障されなければならない。これが憲法三一条に定められる、法定手続きの保障である。この規定は、裁判の手続きなしで、生命や自由、財産を奪われてはならないという意味で、刑事裁判を想定したものであるが、二次的には民事事件や行政事件についても、裁判所に訴える権利を保障するものと考えられている。特に刑事裁判の場合、単に法令上の手続きに則しているというだけでは不十分であり、両当事者が主張と反論を繰り返すための公平な機会を保障する手続きでなければならない。アメリカ合衆国憲法の修正五条[5]は、刑事裁判における「法の適正な手続き due process of law」を定めているが、日本国憲法はこの条項を継受したと理解されている。つまり法定手続きの保障は、単に法律上の手続きを遵守しているというだけでなく、内容も適正な手続きであることが憲法上の要請と考えられている。

罪刑法定主義とその派生原則

「法律なければ犯罪なし、法律なければ刑罰なし」との原則は、**罪刑法定主義**を表現したものとして、近代刑法の大原則とされているが、この原則や文言は、刑法典には存在せず、実定法的には、憲法三一条に含まれる。この基本原則からは、いくつかの派生原理が存在する。行為時に禁止されていなかった行為を処罰することは禁止されるが、これは一般に**遡及処罰（遡及刑）の禁止**と言われる。英米法では罪刑法定主義はドイツ法や日本法ほど厳格ではなく、柔軟に判断される部分があるが、それでも**事後法の禁止**として、遡及処罰の禁止と重なる原則をもっている。またこの基本原則から、**慣習刑法の禁止**という派生原則が導かれる。国家の立法機関によって定められていないにもかかわらず、慣習を根拠にある行為を犯罪とし、刑罰を科することを禁止する。刑罰権の行使にかかわるルールは、国民代表の集まる立法機関のみが定めるべきという、近代の中央集権的な民主制国家によるコントロールがここでは前提とされている。(6) **類推解釈の禁止**も派生原則の一つとされる。さらに、刑の期間についてはまったく規定しない、**絶対的不定期刑の禁止**も罪刑法定主義からの派生原則と理解される。ただし、このことは刑の期間の最短と最長を定めるような**相対的不定期刑**を禁止するものではない。相対的不定期刑は、アメリカでは広く採用されているが、日本では少年法五二条において、少年の更生の度合いに応じた判断が認められている。

ちなみに日本刑法では、死刑に次ぐ、重い刑として無期刑（無期懲役、無期禁錮）がある。無期刑は最長の場合、終身刑と同じく生涯にわたって続くが、終身刑との違いは、一〇年の刑期を終了後、**仮釈放**が認められていることである（刑法二八条）。日本刑法においては、現在のところ終身刑の規定はない。

（2）民事裁判における当事者主義

当事者主義は民事・刑事裁判共通の原則　裁判の形態は、民事裁判か、刑事裁判かによって大きく異なる。ただ市民法の理念にもとづく裁判の基本とは、これまで述べてきたように、中立の裁判官が、原告ないし検察官と、被告ないし被告人の間に立ち、両当事者の論争を経て、最終的な判断を下す。このモデルを採用している点において両者は共通している。

このモデルは、歴史的にも原理的にも、民事上の紛争解決のためには、もっとも自然で適切な形態といえる。代金を支払え、いや、支払いの義務はない等の私人間の争いは、法的には対等の関係にある者の論争である。両当事者に自由に主張の機会を与え、裁判官はどちらの立場にも肩入れしない中立の立場を保持した上で判決を下すことが、裁判に権威と正当性を与える重要な根拠となる。このように原告と被告が紛争の当事者であり、裁判は当事者の主張を中心に展開していくべきとの考え方を**当事者主義**とよぶ。当事者主義の考え方は、今日では民事・刑事裁判の形を主導する共通の理念となっているが、具体的な制度においてはいくらかの違いがある。刑事裁判の場合、真実の追求や正義の実現という目的が、民事裁判以上に強く要求されるから、裁判の当事者さえ満足すればそれでよいというわけにはいかず、真実の追求という方向へ、いくらかの修正が施されている。

(5) 修正五条「何人も、大陪審による告発または正式起訴によるのでなければ、死刑を科しうる罪その他の破廉恥罪につき公訴を提起されることは無い。但し、陸海軍内で発生した事件、または、戦争もしくは公共の危機に際し現に軍務に従事する民兵団の中で発生した事件については、この限りでない。何人も、同一の犯罪について、重ねて生命または身体の危険にさらされることはない。何人も、刑事事件において、自己に不利な証人となることを強制されない。何人も、法の適正な過程によらずに、生命、自由または財産を奪われることはない。何人も、正当な補償なしに、私有財産を公共の用のために収用されることはない」。

(6) ただし、私法や憲法の領域については、制定法上の根拠のない、慣習上の法や権利は広く認められている。むろん何が慣習上の権利かは、最終的には裁判所が認定する。

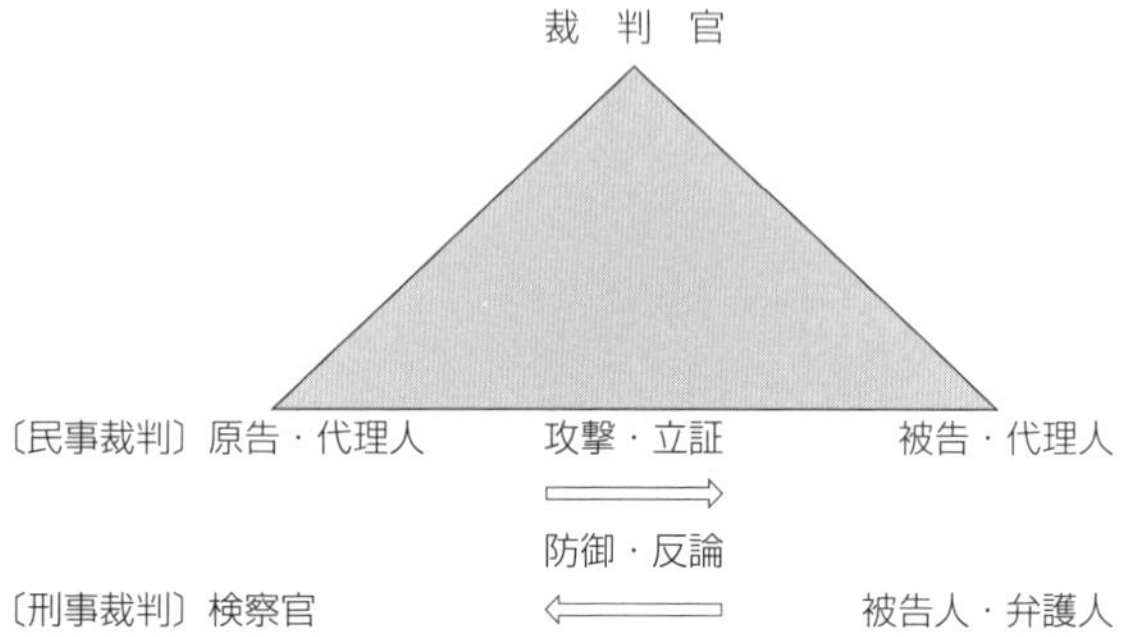

図4　裁判の三面構造

裁判を成立させる当事者　ここで裁判を支える当事者の呼称について説明しておこう。民事裁判において、訴えを提起した者は**原告**と呼ばれ、訴えを提起された側は**被告**と呼ばれる。原告も被告も、法廷で自分の主張をおこなうために、弁護士を代理人として雇うことになる（委任契約）。法律業務をおこなう**代理人**は、弁護士でなければできず（弁護士法七二条）、また訴訟行為も、弁護士資格をもつ代理人でなければならないからである（民事訴訟法五四条一項）。

これに対して刑事裁判において、犯罪の被疑者を起訴する、原告としての役割を果たすのが**検察官**である。検察官は、裁判官や弁護士と同様、法曹資格を要する国家の代理人である。罪を犯したことを疑われる**被疑者**は、公判において**被告人**とよばれる。「被告」は民事裁判で訴えられた側の者を言うのであって、「被告人」の略称ではないことに注意してほしい。この被告人を弁護する立場の法律家が、**弁護人**である。弁護人は弁護士資格を有する者でなければできない（刑事訴訟法三一条一項）。弁護士の役割としては、民事裁判の場合には代理人、刑事裁判の場合には弁護人となる。**弁護士**という呼称は、在野の法曹資格者を意味する職業名であって、裁判における役割を示す名称ではない。だから弁護士がみな仕事として、刑事裁判で弁護人の業務をおこなうわけではない。しかし弁護人は弁護士資格をもっていなければできないから、弁護人は原則として弁護士である[7]。

弁論主義　本人が主張しなければその事実は存在しない　以上を前提に、民事裁判における当事者主義の考え方について説明していこう。当事者主義の考え方は、民事裁判においてもっとも忠実な形で制度化されているが、それをもっとも典型的に表すのは、**弁論主義**という考え方である。民事裁判においては、何を主張し、どのような証拠を提示するかは、当事者の自由であり、当事者はそれに伴う結果すべての責任を負うことになる。つまり原告にせよ、被告にせよ、当事者がその事実を主張しなければ、たとえ実際にはその事実が存在するとしても、法律的な事実としては存在しないものとみなされる。当事者が主張しない事実について、裁判官はお節介にもその事実を認定するということはできない。

たとえば、あなたがまったく身に覚えのない債務を履行するよう、民事訴訟を提起されたと考えてみよう。裁判所からは訴状と共に、口頭弁論期日の呼出状、答弁書作成の催促状がやってくる。しかしあなたはこんな根も葉もないデタラメに付き合っている暇はない、反論するにも値しないと勝手に判断し、裁判所に出頭しなければどうなるか。被告となったあなたは、反論する機会を与えられながら、裁判所に出頭せず、反論の権利を行使しないならば、被告は訴えに反論するつもりはないのだと裁判官はみなす。この結果、あなたにとっては何の根拠もない、デタラメな言いがかりであっても、裁判官は原告の主張をそのまま認め、あなたに債務を履行するように命じる判決を下す。

法律上の事実とは、当事者が主張したことだけから構成されるのであり、もし主張しなければ、たとえ社会的な事実と合致していなくても、法的な事実として認定される。これが弁論主義の考え方である。民

(7)　ただし、簡易裁判所と地方裁判所において、特別の専門知識をもつ者として、裁判所が特に許可した場合には、特別弁護人という例外はある（刑事訴訟法三一条二項）。

事訴訟において、認定される真実とは、当事者の主張と法律上の手続きによって認定される**形式的真実**であって、（この後説明するような）刑事訴訟で重視される**実体的真実**とは異なるのである。この意味で、民事裁判を主導するのはまさに当事者であり、裁判官は中立のレフリーであるというモデルが徹底されている。(8)

民事訴訟は、第三者の権利にも影響する人事訴訟(9)のような場合には例外的に、**職権探知主義**にもとづく積極的な関与が認められているものの、基本的には当事者の提出する証拠だけを中心に、ルールに沿っておこなわれる、ゲームとしての性格を強くもっている。裁判においては、当事者こそ、事実関係を最も熟知しており、また自己の利益を最大化するために最も有利な証拠や事実を示すことができる立場であるから、裁判所は当事者が主張しない事実を、積極的に探究していく必要はないのである。

当事者主義は社会的・経済的格差を反映するという限界がある

とはいえ、人事訴訟のように、当事者主義の例外が多く認められる民事裁判もあるように、当事者主義のモデルが常に公正な裁判結果を保障するとは限らない。たまたま代理人となった弁護士の訴訟戦略が拙いものであれば、その失敗はそのまま判決の結果に反映されてしまう。その分野の経験を積んだ優秀な代理人（弁護士）を雇い、さらに複数の弁護士に得意分野を分担させれば、失敗が起きる可能性は低くなるが、そのための訴訟費用は莫大なものになるから、誰もがそこまでのことはできない。対決する当事者の双方が、社会的・経済的に対等の実力をもつ場合には、当事者主義のモデルは不公平なものとはなりにくいが、大企業と一般の個人消費者のように、原告と被告との間で、社会的影響力や経済力に大きな格差がある場合、当事者主義には原告と被告の力関係がそのまま反映されるという側面がある。これは当事者主義に立脚する民事訴訟モデルの一つの限界である。

（3）刑事裁判における当事者主義モデルの確立

刑事裁判は実体的真実を重視する　民事裁判における事実とは、それぞれの当事者が何を主張し、主張しなかったか、ということから構成される、形式的真実であり、それにしたがって最終的な判決が出される。これに対して刑事裁判の場合には、いくらか事情が異なる。刑事裁判の場合、基本構造を当事者主義にするとしても、民事裁判ほどにゲーム性を徹底させた、形式的真実で満足するわけにはいかない。なぜなら被告人は国家の刑罰権行使により、最悪の場合、死刑という形で生命を奪われることもある以上、ゲームの進め方が拙かった、弁護人が初歩的なミスで弁護に失敗したから、という理由だけで、真実を犠牲にして、被告人に不利益を課すことは、正義の要請からはかけ離れた結果となってしまうからである。

（8）分かりやすい例として、プロ野球ジャイアンツの往年の名選手、長嶋茂雄による一九五八年の「幻のホームラン」事件がある。彼は同点の状態から、勝ち越しのソロホームランを打ったが、そそっかしい彼は、一塁ベースを踏み忘れたまま本塁に帰還した。その後、一塁手は塁審に長嶋選手の踏み忘れをアピールし、それが認められたため、このホームランは取り消しとなった。一塁手によるアピールがなければ、審判は踏み忘れを認識していても、その事実を指摘もしないし、取消もしないのである。アピールを重視する野球のルールには、当事者主義や弁論主義の思想が反映されている。アメリカ発祥のスポーツだからであろうか。

（9）人事訴訟とは、離婚や生まれた子の認知など、夫婦や親子等の関係についての争いを解決する訴訟である。民事訴訟の一種ではあるけれども、認知の訴えや離婚のように、判決が第三者（子供など）の利益や福祉に影響を与えることがあるので、裁判所は、証拠提出や証拠調べを完全に当事者に委ねることなく、裁判所が主導することが許されている（人事訴訟法二〇条）。

復讐・対決の場としての当事者主義

そもそも刑事裁判においては、民事裁判と異なり、裁判官を中立のレフリーとする当事者主義のモデルは必ずしも自然なモデルとは言えない。しかし国家体制の未整備な古代ゲルマン社会においては、究極の当事者主義がおこなわれていた。犯罪の被害者やその遺族は、復讐の権利を行使することが許されており、それが刑罰的な意味をもっていたのである。刑罰の本質が、犯した罪への報いであるとすれば、復讐権の行使を許す法は当事者主義の極致といえるだろう。

しかしながら、復讐やその他の**自力救済**[10]という方法では、正義の求める結果をもたらす可能性は高いものではない。被害者が復讐しようとしても、加害者が逃亡し、復讐の正義を事実上実現できないこともある。復讐するべき加害者を発見したとしても、返り討ちに遭う可能性もある。あるいは勘違いで、無関係の人が加害者とみなされ、犠牲になる……など、公共的な意味をもつ正義の実現を、個人の捜査能力や腕力に委ねることは、正義の実現という点ではきわめて不安定な方法であるし、またそれは新たな不正を生み出しかねない。このような理由で、時代が進み、警察機構を中心に国家体制が整備されていくにつれて、私人の復讐は制限ないし禁止されるようになってゆくのは当然であった。その過程は国によって様々だが、たとえば中世のヨーロッパでは、法廷の裁判において証拠が不足し、決定的な判断が下せないような場合など、最終的な決着をつけるための補完的な手段として、告発側と被告人との間で決闘をおこなうという形式で採用されることがあった。あるいはサイコロの目で事実を決定するなどの神判が採用されることもあった。

糾問主義的な刑事裁判

どのような工夫を重ねたところで、復讐権の行使や決闘方式による裁判は、当事者の身体能力という偶然性に左右される事情は変わらない。また当事者中心の裁判は、裁判の基礎となる証拠の収集や捜索も、当事者である私人に委ねられる原始的なものであった。村落中心の農耕社会ならばともかく、都市化による人口の増加で、個人の匿名性が高まるにつれ、被害者個人が犯罪の実行者を探し出し、またその証拠を揃えるということは事実上不可能となる。このため、国家の権力機構の整備と共に、効率的に犯罪捜査をおこなう組織も発達していく。犯罪捜査の主体が被害者から国家へ移行するにつれて、刑罰権の行使主体も、被害者から国家へと移行し、復讐や決闘は禁止される方向に進む。こうして近世初頭の絶対主義体制が確立する頃には、捜査機関と裁判官とが一体化した刑事裁判モデルが確立する。

このタイプの刑事裁判モデルを**糾問主義**という。糾問主義型の刑事裁判は、わが国江戸期の刑事裁判モデルとも重なるもので、時代劇などを通じて比較的イメージしやすいかもしれない。このモデルは人権保障を重要な目的とする今日の刑事裁判の理念からすれば、過去のものであり、今日採用されるべきモデルではないのは当然だが、その進歩的な性格も見落とすべきではない。組織化された捜査機関もなく、当事者の復讐能力という、偶然に大きく左右される状況においては、正義の実現は不安定であった。これと比較すれば、糾問主義型の刑事裁判は権力機構の整備を背景に、正義の実現をより安定的にするもので、法秩序の合理化を大きく進めたといえる。一六世紀ドイツのカロリーナ刑事法典では、拷問の手順も詳細に定められたという。拷問は認められるべきものではないが、少なくとも捜査・取調機関による、行き過ぎた拷問をコントロールしようとの発想がここには見られる(11)。

---

(10) 自力救済とは、文字通り、自分自身の実力で違法な状態を是正し、自らの権利確保を図ることであるが、近代国家においては、原則的に禁止されている。刑法上の正当防衛（刑法三六条）は「急迫不正の侵害」を要件に、自力救済を認めた例外である。自分の盗まれた自転車を見つけても、その自転車の置いてある家の敷地に入り込み、持ち帰れば、違法な自力救済である。

糾問主義型刑事裁判のもたらす問題

とはいえ、このモデルは、被疑者の人権保障という点で、きわめて多くの問題を抱えていたことはいうまでもない。裁判官は捜査部門の長であり、起訴をおこなう検察官の役割を兼ねる、巨大な権力を一手に握る存在となった。「法律による裁判」というものが十分に確立されていない時代にあっては、裁判官は、いわば閻魔大王のような、恐るべき専制的権力の持ち主となり、被疑者は一方的に支配され、処断される関係に置かれる。裁判官が神の如くに全知であり、絶対的に正しい判断を下せる能力をもつ存在であれば、糾問主義モデルの刑事裁判でも問題はない。しかしそれは現実には期待できないことである。

何よりも、裁判官が捜査部門の長であり、検察官でもあるということは、彼が捜査機関として抱いた予断や偏見は、何の検証も反論も受けることなく、そのまま裁判官の思考を支配することになる。人間である以上、誰でも思い込みや偏見から免れることはできないが、この上意下達的なモデルに立つ刑事裁判モデルでは、その誤りを修正する機会が極端に少ない。絶対王政の確立期に発達した糾問主義型の刑事裁判モデルは、決闘裁判や神明裁判のような原始的な形態を克服する点では一定の進歩性をもっていたが、絶対王政の権力を背景とするが故に、裁判官の権力を抑制する安全装置をもたない専制的なもので、数多くの犠牲者を生み出すことになった。刑事司法そのものが、政治弾圧の道具として使用されることも少なくなかった。中世末期から近世初頭に横行した悪名高い魔女裁判も、糾問主義型の刑事裁判モデルの中で、被告人は拷問を受け、まともな抗弁や証拠吟味の機会も与えられず、有罪とされ、犠牲となったのである。

当事者主義・弾劾主義的な刑事裁判モデル

こうした刑事裁判モデルの欠陥を克服する上で、あらためて当事者主義型の刑事裁判モデルが見直されることになる。すなわち民事裁判の場合と同じように、実際に被疑者を取調べ、起訴する行政機関が、かつての被害者に代わる原告となり、告発者となる。起訴された加害者・被告人の側は、検察官と対等の立場でその告発に反論する機会が保障される。裁判官は行政機関に所属するが、起訴をおこなう検察官からは独立した、中立的な存在として裁判をおこなう民事裁判にならった三面構造のモデルが採用される。

このモデルによることで、裁判官は、捜査機関が捜査の過程で抱く思い込みや偏見から一応遮断され、公平な立場で両当事者を扱うことが期待できるようになる。むろん当事者主義の復活とは言っても、復讐や自力救済といった要素は、糾問主義時代の裁判モデルで、すでに否認されている。捜査・告発機関は、被害者の復讐権の行使として起訴するのではなく、法秩序の中で生じた違法行為を取り締まる公益の代表者として、被疑者を裁判所に告発するのである。また被告人は、告発者である検察官と対決する形で裁判は運営され、公判においては被告人からの抗弁や反論の機会が保障される。このやり取りを通じて、裁判官は、起訴の正当性を吟味し、捜査機関の偏見や思い込みを正す機会を得、より実体的真実に近づいた事実に基づく裁判が可能になると考えられる。このように、民事裁判の場合と同様に、告発者である検察官と、被疑者（及びその弁護人）が当事者として対決し、中立の立場に立つ裁判官を置く三面構造が、近代市民法における刑事裁判モデルの基本となる。このモデルは刑事裁判のもう一つのモデルである糾問主義に対し、**弾劾主義**と言われる。弾劾主義は、訴訟の基本としての当事者主義を、刑事裁判モデルにおいて実現したものといえる。

(11)　拷問がおこなわれる背景には、自白の重視という事情がある。近世の裁判において「自白は証拠の女王」とされ、重視されたが、これには神判や決闘裁判が禁止された故に、何とか真実を求めようとする苦肉の手法でもあった。

しかし、このような、近代的な当事者主義モデルとしての弾劾主義も決して万能ではない。すでに述べたように、民事訴訟における当事者主義と弁論主義の考え方によれば、裁判において構成される事実とは、当事者が主張した限りのものを、事実認定のルールによって確定した、形式的真実である。弾劾主義的な刑事裁判モデルは、基本的に当事者モデルを採用する民事裁判の形を刑事裁判にも適用しようという考え方であるが、刑事裁判の場合、当事者の主張した範囲のみで形成される形式的真実で満足するわけにはいかない。被疑者・被告人が、第三者を庇うために、自分を無罪とすることのできる事実をあえて主張しないという場合もあり得る。そもそも刑罰という人間の自由や生命すら奪う行為を、たとえ当事者がそれを受け入れるとしても、実体的真実に反する形で事実認定するのは、大きな不正というべきだろう[12]。当事者主義の裁判モデルにおいて、告発者と被疑者が、ゲームのように攻撃防御の繰り返しを積み重ね、そこで事実が明らかになると期待するのは、決闘裁判において当事者の身体能力が結論を左右するのと同じように、当事者の訴訟戦術の巧拙、さらに有能な弁護士を雇う経済力という偶然的要素に左右されるもので、その結果は必ずしも公正ではない。この欠陥は民事裁判の場合以上に、刑事裁判においては深刻に捉える必要がある。

弾劾主義の問題

とはいえ、当事者主義・弾劾主義の裁判モデルこそ、実体的真実の追求にとって有利であるとの考え方もあり得る。民事訴訟と同様に、訴訟においては当事者こそが、もっとも自分の利害を理解しており、また自分の利益に適うよう合理的に振舞い、自己に有利な証拠を提出する。そうであるからこそ、当事者は互いに、相手の主張を崩すための、もっとも効率的で強力な反論や反証を加えてくるはずである。その攻撃と防御の繰り返しの中で、相手側の攻撃に耐えられない、曖昧な事実や主張は退けられ、相手からの反証に耐え抜き、生き残った主張や証拠のみが真実として浮かび上がってくるはずである。裁判官はそれを中立の立場から掬い取り、法的事実を構成する。この方法は、中立であるべき裁判官の思考に、意識しないうちに取りついている偏見を排除する上で、もっとも有効なモデルであるとも考えられる。

職権主義的な訴訟進行、釈明権　この考え方は、民事裁判を支配する当事者主義的なモデルを、刑事裁判においても可能な限り実現していこうとする考え方である。しかし繰り返し述べているように、当事者主義や弁論主義を重視し過ぎることは、そのときの検察官や弁護人の力量という偶然的な要素に左右される度合いが高まる。そうであるとすれば、裁判官はレフリーとして、当事者の論争を傍観しているだけではなく、職権により、訴訟の進行や証拠調べにおいて主導的な役割を果たし、実体的真実を積極的に追求していくべきであるとも考えられる。このような考え方は、当事者主義に対して、裁判官の職権を重視するもので、**職権主義**と言われる。この考え方にもとづいて、民事裁判においても刑事裁判においても、裁判官は**釈明権**を行使することができる（民事訴訟法一四九条一項、刑事訴訟規則二〇八条）。釈明権とは、事実関係や法律関係を明らかにするために、裁判官が当事者に対して、一定の質問を発し、証明を促し、それを求める裁判官の権利である。裁判官自らが、当事者の不明確な主張を明らかにするように説明を求め、必要な立証を促していくことによって、明らかに勝つべき者が負け、負けるべきものが勝つような、混乱した状態を回避できる。弁論主義と形式的真実を重視する民事裁判においてもこのような形で

(12)　たとえ本人の同意があるとしても、その人の生命を奪う行為をおこなえば犯罪である（刑法二〇二条後段の同意殺人罪）。これに対して、いわゆる同意傷害罪の規定は刑法には存在しない。本人の同意と無関係に、どんな場合でも傷害罪が成立するとしてしまうと、ピアスの穴を開ける行為や刺青を彫る行為も犯罪となってしまいかねないからである。しかしこれも程度問題であって、判例は、社会的相当の範囲を逸脱するような程度の場合には、傷害罪の成立を認める場合が多いようである。

の裁判官の職権行使が認められている以上、実体的真実をより重視する刑事裁判において、裁判官による釈明権の行使がより重要となるのは当然のことだろう。釈明権とは、当事者主義を修正する、職権主義的な裁判モデルを促すのである。

しかし職権主義的なモデルを採用すれば、自動的に正義を実現してくれるわけではないこともちろんである。糾問主義時代のような独善的な訴訟運営は、弾劾主義的なモデルによって排除されるとしても、やはり裁判官も人間であり、必ず一定の偏見や思い込み、予断によって支配される。弁護人や検察官の論争が適切なものとなるように、裁判官は一定の積極的役割を果たす必要があるにしても、裁判官の訴訟指揮が強すぎれば、公判は当事者のどちらかの側に傾いたものとなり、ひいては裁判官の中立性が疑われる場合が出てくるだろう。

世間の注目を集めるような事件の場合、公判の開始前から、新聞などのメディアでは、事件や被疑者に関して、ジャーナリスト個人の主観で描かれた情報が何の検証もないまま、乱れ飛ぶ。裁判官も一般の社会人として、ニュースを目にし、耳にしておれば、事件に関して一方的で不正確な偏見に支配される可能性があるのは当然のことなのである。そうであれば、当事者の立場の主張は当事者に任せ、裁判官は自ら事件の中に積極的に首を突っ込み、実体的な真実を発見しようとするような職権主義的な訴訟指揮はなるべく控えるべきだ、との批判も生まれる。

一つの原理で正義は実現できない

近代市民法における刑事裁判は、当事者主義を基盤としているとはいえ、実際の訴訟の運用において、より当事者主義的要素を重視していくか、それとも裁判官による職権行使を重視するべきか、またどちらの方向で法令を解釈していくべきか、という問題が残る。この問いに単純に答えることは難しい。

概して言えば、裁判官が官僚主義的なキャリアシステムの中で出世していく日本やドイツのような国の場合、裁判官に対して、一般国民は官僚的な中立性を保つことを期待しているし、裁判官たちも、政治的な色分けをされることを嫌い、プロフェッショナルな中立的存在を自認する場合が多いようである。このような社会では、裁判官のイニシアティブも中立的なものとして、国民は比較的抵抗なく受け入れる傾向がある。

これに対して、裁判官が官僚システム内の役人ではなく、人格的な個性の強い、ある種の名望家（地域の名士）として活動するようなアメリカの場合、裁判官個人の主観を抑制するための当事者主義的な訴訟モデルは、より重要度を増すといえるかもしれない。しかしこのような社会的風土では、連邦最高裁判所裁判官の座をめぐる保守派とリベラル派との対立にみられるように、本来は中立とみなされなければならない司法の場が、党派的に分断されるという副作用をもたらしていることも見落とすべきではないだろう。

いずれにしても、民事刑事を問わず、今日の裁判では、当事者のイニシアティブを基本的なモデルとして尊重しつつ、社会経済的な力関係など、偶然的な要素によって裁判の結果が左右されることのないよう、裁判官も一定程度、職権によって調整していくことの必要性は否定できない。何らかの一定の原理だけに基づき、それを徹底することで正義が実現されることを期待するような発想は、リーガルマインドとは異質のものとして排除されるべきだろう。

第六章　事実の認定

1．裁判において事実をどのように認定するか

認識能力の限界

裁判とは最終的に法的な正義を実現するための制度である。その正義を実現するために、人類は数多くの失敗や悲喜劇を繰り返しながら、裁判制度や訴訟手続きが公正なものとなるように、少しずつ工夫し、正義を実現する方法を模索してきたが、今なお、完全に正義を実現できるような裁判制度は存在しない。このことは、認識能力や判断力において有限の存在である人間がおこなうものである以上、当然のことといえる。こうした人間のもつ能力の限界をとりわけ意識させるのは、「真実とは何か」にかかわる事実の認定である。裁判とは、「事実認定」と「法律判断」という二つの段階から成立するが、記録も目撃者も存在しない「藪の中」で何が行われ、何が起きたかという真実を知るにはつねに限界がある。今日では街中にカメラが設置され、これによって実際に起きた犯行の現場や犯罪者を特定するのに大きな威力を発揮しているが、ジョージ・オーウェルの小説『一九八四年』のように、個人のプライバシー情報や思想すらも「共有」しようとする監視社会への道を確実に歩んでいる。それにもかかわらず、過去に何が起きたかについて、人間が正しい事実をすべて認定することは不可能だろう。誤った事実認定によって、誤った判断が判決という形に反映される可能性はつねにある。

神明裁判

真実はどこにあるのか、という事実認定の問題について、人類は裁判制度の開始以来、苦しんできたといえる。何が真実なのか人智では判断できないけれども、とにかく解決の必要がある、という事情に迫られ、裁判はおこなわれてきた。これを端的に表す実例が、神の力や霊力を借りて事実認定をおこなう、神明裁判と言われる裁判である。神明裁判は歴史的には世界各地で見られ、その様式は様々である。サイコロの目の数によって、疑わしい被疑者のどちらか一方を犯人と認定する例、焼けた鉄の塊を握らせ、火傷をせずに運ぶことができたら、神の加護ありとして潔白とみなされる例、疑わしい人間二人をワニの出る川に杭で括り付け、ワニに食われなかった側が潔白であるとされる例、など呆れるほど様々である。日本では盟神探湯《くがたち》や鉄火起請などと呼ばれる形態があった。

近世以降、神明裁判の正当性は少しずつ失われ、やがて禁止されていく。しかしこういう事例から、昔の人は無知蒙昧で非科学的だった、と安易に片付けることはできない。神明裁判とは、人間がどんなに努力しても真実が判明しない中で、分からないからといって裁判を中止するわけにはいかず、そこで何らかの形で事実を確定し、事件を解決しなければならないという苦肉の状況から生まれたものと考えられる。

裁判所が法的紛争を最終的に解決する機関であることを宣言している以上、「分からない」では済まされない。何らかの形で事実を認定しなければならないが、そこに一定の限界があることは、科学的な捜査手法が発達した今日においても、本質的には変わらない。今日の裁判においても、当事者の言い分が真っ向から対立し、真実がどこにあるのか分からないことは少なくないが、民事裁判における「形式的真実」の例からも分かるように、事実の認定は、ある種のルールに依拠しておこなわれている。法的な意味での真実とは、神明裁判の場合と同じように、何らかの法的手続きを経ることによって、事実とみなされたものなのである。

2. 民事裁判における事実の「証明」

(1) どのように事実を認定するか

裁判拒否の禁止

近代市民法における裁判はどのように事実を認定していくのであろうか。まず、大前提として近代国家においては、**裁判拒否の禁止**という原則がある。むろん前章で述べたように、法律上の争訟としての要件を欠くものについては、裁判として受け付ける必要はないが、法律上の争訟に関しては、裁判所はこれを受理する義務を負う。このことは近代の主権国家が、紛争を最終的に解決し、人々に平和を保障することで、権力の正当性を得ていることとも密接な関係がある。

近代以降のわが国において、裁判拒否の禁止を示す初期のものとしては、明治八年の「裁判事務心得(明治八年太政官布告一〇三号)[1]」がある。これは法典が未整備だった時代、裁判官は必要な紛争解決のために必要となる条文が見つからない場合であっても、習慣や条理を援用し、裁判すべきことを指示した法令である。ただし、刑事裁判の場合、処罰すべき法令や条文が存在しなければ、裁判官は無罪の判決を出さなければならないので、裁判拒否というケースを考える必要はない。これは罪刑法定主義からの当然の要請である。しかしここでの問題は、適用するべき条文の有無ではなく、事実が容易に判明しない場合である。民事刑事を問わず、このような場合、裁判ではどのようにして事実を認定していくのだろうか。

宇宙人実在論争

この問題は、裁判当事者のどちらの側が事実を立証する責任を負わされるのか、という立証責任のルールによって処理される。分かりやすくするために、地球外に知性ある生命体、つまり宇宙人はいるかいないのか、という事例を考えてみよう(これはむろん法律上の争訟ではないから、裁判所で受理されることはない。単なる思考実験である)。

A氏は、宇宙人は確実に「存在する」と主張し、B氏は「存在しない」と主張し、激しい論争がおこなわれている。仮にこの論争に決着をつける権限があなたにあり、またそうしなければならない場合、あなたは中立の立場から、宇宙人の存在について、どのように事実を認定するべきだろうか。

この決着の付け方には二通りある。一つは、A氏に、宇宙人が存在することの証明を求める方法である。その証明に説得力があり、成功したと言える場合にのみ、宇宙人は「存在する」と認定するわけである。この方法は、A氏に**立証責任**（または証明責任）を負わせるもので、A氏の提出した証拠が曖昧で、説得力をもたない場合には、A氏は証明に失敗したということになり、宇宙人は「存在しない」という結論が事実として認定される。

もう一つの方法は、宇宙人は存在しない、と主張するB氏の側に、存在しないことの証明を求める場合である。証明が成功したと言える場合にのみ、宇宙人は「存在しない」と結論づけられる。この場合、B氏の証明が不十分であるとみなされれば、宇宙人は「存在する」という結論が、事実として認定されることになる。

もちろんこの論争には、本来はもう一つ別の選択肢がなければならない。どちらの側にも証拠を提出さ

（1） 裁判事務心得の条文は以下のようにある。
今般裁判事務心得左ノ通相定候条此旨布告候事
第三条 一民事ノ裁判ニ成文ノ法律ナキモノハ習慣ニ依リ習慣ナキモノハ条理ヲ推考シテ裁判スヘシ
第四条 一裁判官ノ裁判シタル言渡ヲ以テ将来ニ例行スル一般ノ定規トスルコトヲ得ス
第五条 一頒布セル布告布達ヲ除クノ外諸官省随時事ニ就テノ指令ハ将来裁判所ノ準拠スヘキ一般ノ定規トスルコトヲ得ス

せ、いずれも証明が不十分であった場合には、「分からない」という結論を出す選択肢である。学術の世界であれば、「分からない」という率直な結論を出すのはきわめて大切なことである。真理を探究する学術の世界において、「分からない」のに、分かったふりをして事実を認定するべきではない。しかし問題が権利義務をめぐる法的紛争である場合、「分からない」「どちらとも言えない」といった結論は、裁判拒否と同じになってしまう。どちらの側に権利があり、義務があるかという論争に決着をつけられないならば、裁判所は紛争解決機関としての存在意義を疑われることになってしまう。つまり法的紛争に関する限り、裁判所は事実の認定について、「分からない」という、第三の方法を採用することは許されないのである。

悪魔の証明

容易に想像できるように、常識的には最初の方法、つまりある事実の存在を主張する者に、立証の責任を負わせるのが適切である。宇宙人実在論争に引き付けて言えば、そもそも無限に広がる宇宙の隅々まで認識できている人は誰もいないのだから、「宇宙人は存在しない」ということは絶対に証明できない。絶対に証明できないにもかかわらず、証明に失敗したからと言って、「存在する」という結論を導くのは明らかに不合理である。証明可能なものとは、存在するものだけである。「存在しないことを証明する」のは、不可能を要求する「悪魔の証明」とも言われる。宇宙人の存在については、その事実を証明できた場合にのみ認め、立証できない場合には、存在しないとしておくことが合理的といえよう。(2)

黒か白か

この方法は、現実の世界ではよくある、玉虫色の状況を事実としてどう認定するか、という点で重要な意味をもつ。ある事物が、誰が見ても完全な黒か、完全な白かが明らかであれば、事実認定には苦労しない。現実はしばしばグレーであり、そのグレーも限りなく黒に近い場合もあれば、ほとんど白に近い場合もある。しかし法的な事実認定においては、その事実は存在するか、存在しないかの二者択一を迫られ、裁判官は主張される事実が、黒か白かを認定しなければならない。立証責任のルールとは、その事物が限りなく黒に近いグレーであっても、完全な黒と認定できなければ、白とみなす、という思考方法なのである。この意味で、裁判における事実とは、残念ながら、つねに真実と合致するというわけではなく、ある種のルールによって認定されるゲームの性格をもっているのである。客観的に真実であるかどうかは分からないにもかかわらず、「みなす」という形で事実を認定する点で、現代の裁判も神明裁判と同じような不合理を根本的に抱えている。しかしそれは人間が国家を運営し、裁判を担う限り、避けることのできない宿命である。

(2)「故意又は過失」の証明責任

近代市民法における裁判では、基本的に、ある事実を主張する側が立証責任を負う、つまり自分の主張する事実を証明する証拠を提出しなければならない。これは民事裁判、刑事裁判を通じた訴訟法上の一般原則である。

ここではまず、民事裁判を例に具体的に考えていこう。たとえば民法七〇九条は、不法行為責任と、それに対する損害賠償義務を次のように規定している。

(2) 自然科学の世界では、存在が証明できないからといって、「存在しない」と結論づけてはならないだろう。科学者は未知の存在を求めて研究するのであるから、今のところ証拠がない、証明されていない、というだけで、「存在しない」と科学者が決めつけてしまうならば、科学の発展は期待できない。この点は、現実の紛争解決を目的とする法実務とは異なる。

民法七〇九条　故意又は過失によって他人の権利又は法律上保護される利益を侵害した者は、これによって生じた損害を賠償する責任を負う。

この条文には、不法行為責任が成立するための**要件**として、（加害者による）「故意又は過失」が必要であることが示されている。不法行為責任にもとづく損害賠償を請求するには、単に相手側の行為で被害が生じた、という事実を示すだけでは不十分で、原因となった相手側（加害者）の行為に「故意又は過失」が認められなければならない。つまり被害者である原告は、損害の事実だけでなく、加害者の側に「故意又は過失」があったことを証明する責任がある。この証明が成功したと（裁判官によって）認められなければ、「故意又は過失」は存在しなかったことになり、不法行為責任は成立せず、損害賠償請求も認められない。

被害者にとって過酷な証明責任

しかしこのルールは、被害者である原告にとっては、不合理で過酷な結論を導くことが少なくない。加害者である被告の行為が「故意又は過失」によるものであることについて、原告が立証責任を負うというルールは、原告にとって非常に不利な、重い責任となる。なぜなら証明責任を負うということは、中立の立場にあり、事情を知らない第三者である裁判官を説得することであり、そのためには大変な手間や説明を必要とするからである。そして決定的な証拠が得られなかった、あるいは証明が十分ではなかった、と裁判官に評価されれば、原告が必死で訴えている、加害者による「故意又は過失」も、法的には「存在しない」ことになり、救済の道は閉ざされる。この不条理を多少なりとも緩和するために、立法や判例では、今述べた立証責任のルールを修正し、被害者の救済を容易にするための努力が重ねられてきた。

立証責任の転換――自動車事故の場合　たとえば、**自動車損害賠償保障法**（昭和三〇年法律九七号）という法律がある。これは自動車事故にかかわる損害賠償の保障を定め、被害者の救済を図ることを目的として制定された法律である。この法律は自動車事故の被害者救済を図るために、民法七〇九条以下の不法行為責任に対する特別法としての性格を与えられている。この法律の三条は次のように規定している。

自己のために自動車を運行の用に供する者は、その運行によつて他人の生命又は身体を害したときは、これによつて生じた損害を賠償する責に任ずる。ただし、自己及び運転者が自動車の運行に関し注意を怠らなかつたこと、被害者又は運転者以外の第三者に故意又は過失があつたこと並びに自動車に構造上の欠陥又は機能の障害がなかつたことを証明したときは、この限りでない。

この条文は先に挙げた民法七〇九条と同様に、損害賠償責任を定めている。かなり長い条文だが、その違いはどこにあるか、よく見比べてみてほしい。自動車損害賠償保障法三条の本文は、民法七〇九条と異なり、「故意又は過失により」という文言が存在しない。しかし、それに続く「ただし、」以下の条文、つまり「但し書き」と言われる部分を見てほしい。ここでは「自己及び運転者」が、（1）自動車の運転に関し、注意を怠らなかったこと、（2）被害者や第三者に故意または過失があったことを証明した場合、（3）自動車に構造上の欠陥や機能障害がなかったことを証明できたとき、は「この限りではない」、つまり賠償の責任は生じない、と定めている。これは被告である加害者の側が、自分に「過失はない（無過失である）」ことを証明できた場合には、不法行為責任は生じない、ということを定めているのである。自動車事故において、被害者である原告は、加害者である運転手の過失を証明するという民法七〇九条に定められた要件を証明しなくても、不法行為の成立を主張できるのである。この特例は、宇宙人否認派に対して、

「宇宙人が存在しないと主張するならば、そのことを証明せよ、証明できなければ宇宙人は存在するとみなす」というルールを採用したものといえる。

自動車損害賠償保障法の背景

このような立法の背景には何があるのだろうか。繰り返すように、訴訟においては証明責任を負う側が、証明に成功しなければ、その主張は認められない。だから法律上の要件となる事実を主張する側は、基本的には不利な立場に置かれている。しかしこのルールは、特に交通事故のような場合、被害者にとって余りにも過酷な、踏んだり蹴ったりといえるような結果を導いてしまう。事故による負傷で働くことができなくなれば収入の途を失い、高額の治療・入院費用をどう工面するか。何とか生活を再建するために、損害賠償を求めても、加害者が自分の過失を否認し、裁判の場で争う姿勢を見せれば、被害者は、きわめて不利なルールの下で、勝つ見込みの少ない裁判を、大変な費用を負担しつつ、続けなければならない。このような負担は精神的、身体的、経済的に大変なもので、普通の経済状況では、この負担に耐えられる人は少ないだろう。結果的に被害者は訴えを諦め、泣き寝入りという理不尽な状況となりかねない。

自動車損害賠償保障法とは、こういう不条理な結果を回避し、自動車事故の被害者への救済を迅速確実におこなうために、加害者の側に過失がないことを逆に証明させ、証明できなければ被告である加害者に過失があったものとして、賠償責任を負わせるようにしているのである。このように被害者である原告の側が有利になるように証明の責任を転換したのがこの法律の特徴である。これが**立証責任の転換**といわれるものである。

無過失責任

この立証責任の転換によって、自動事故の場合、運行供用者（加害者）は、無過失であっても過失責任を問われるのと事実上同じ状態となる。賠償を免れるのは、無過失であることを示す立証責任を果たすことができた、例外的な場合にとどまる。このように立証責任を転換したルールは、自動車事故のもたらす被害の大きさと、被害者に対する速やかな救済という観点からすれば、公平な結果をもたらしているといえる。自動車損害賠償保障法は、民法上の不法行為責任の原則に対する特別法として、現在の自動車社会の中ではなくてはならない、重要な役割を果たしている[3]。この転換は、**過失責任の原則**、つまり行為者に過失がないのに、不法行為責任を負わされることはないという、近代市民法上の原則に対する重要な修正となっている[4]。

このように、被害者救済を図るために立証責任を転換させた立法として、その他の有名なものとしては、製造物責任法（平成六年法律八五号）や原子力損害賠償法（昭和三六年法律一四七号）などがある。製造物の欠陥

（3）ちなみに、いくら加害者側に損害賠償責任が課されるとしても、加害者本人に賠償を負担する資力がなければ、裁判所の賠償金支払い命令の判決も意味をなさず、被害者の救済は絵に描いた餅となってしまう。そこで法は、運行供用者に対して、自動車損害賠償保険（いわゆる強制保険）に入ることを義務付け、被害者への賠償金がスムーズに支払われるようなしくみを作っている（自動車損害賠償保障法五条）。保険金が出ることで、加害者側も、過失の有無等をめぐってむやみに争う動機はなくなり、結果的に、被害者のスムーズな救済につながるのである。いわゆる任意保険とは、法律上の強制保険ではカバーし切れない損害賠償分を賠償するために、任意に契約する自動車保険のことをいう。

（4）自動車事故や製造物責任の例を見ても分かるように、行為者の過失が立証されなければ不法行為は一切成立しない、という原則は、現代において不適切な場合となることは少なくない。この過失責任原則が生まれた背景には、産業革命を前提とした自由放任主義の発想が背景であることを知っておく必要がある。この時代の、自由放任主義的な資本主義やその立法思想は、事業者の自由を可能な限り保障し、広げることを優先している。事業者のおこなう合法的な活動による被害という状況は、当時あまり想定されていなかった。

により、消費者に対して、被害を与えた場合、製造者は消費者に直接販売した関係になくても、被害者に賠償するべき旨を定めているが、ここでも製造物の欠陥が生じたことについて、製造者の「故意又は過失」は要求されない。また原子力損害賠償法三条では、次のように定める。

原子炉の運転等の際、当該原子炉の運転等により原子力損害を与えたときは、当該原子炉の運転等に係る原子力事業者がその損害を賠償する責めに任ずる。ただし、その損害が異常に巨大な天災地変又は社会的動乱によつて生じたものであるときは、この限りでない。

原子力事故による被害者は、損害賠償請求をする場合でも、原子力事業者の「故意又は過失」を証明する必要がないことは条文から明らかである。大規模な原子力事故において、原子力事業者の側が過失はなかったと主張し、被害者側に事業者の過失について証明責任が課されるならば、原子力事故での被害者救済も進まなくなるだろう。

以上、少し込み入った話となったが、民事裁判において事実が、どのような形で認定されるかについて説明した。これによってあらためて、民事裁判における事実とは、「形式的真実」である、ということが理解できるのではないだろうか。法的事実とはゲームのルールの中で構成される。しかしそのゲームが余りに一方的になる場合には、ゲームのルールを修正し、事実認定の方向が一方に傾きすぎないように、法律や裁判がコントロールしている。裁判で認定される事実は必ずしも「真実そのもの」とは限らないのである。

3. 刑事裁判における無罪推定原則

(1) 刑事裁判における事実の認定

これまで述べてきたように、民事裁判においては、被害者の迅速な救済を図るために、過失責任の原則を修正、緩和する特別法が制定されるなどの工夫が重ねられてきた。とはいえ、こうした工夫はあくまで原則に対する修正であって、原則としては、あくまで事実を主張する者が立証責任を負うことに変わりはない。この原則は、これまでの説明からも分かるように、場合によっては被害者にとって過酷な結果になる場合もあり得る。しかし、もしこの原則と例外を逆にしてしまうならば、より大きな問題が頻発するのは間違いない。先の例で言えば、「宇宙人は存在しないことを証明せよ」という責任を課せられ、証明できなければ「宇宙人は存在する」と認定される不合理を想像してもらえばよい。まともな証拠も根拠も持たない者が、訴訟を提起し、突然訴えられた被告が、自分の無過失を証明するという重い責任を課せられる事態を想像してもらいたい。この状態は、「訴えられたら、その時点で負け」に近い状態を意味する。このようなルールがもし一般化されるならば、賠償目当ての訴えが濫発され、魔女狩り裁判的な結論が横行することになりかねない。したがって立証責任の転換がおこなわれるのは、自動車事故や製造物責任のように、一定の類型化が可能な場合や、原子力事故のような特殊な事例においてのみであり、民法は、訴える側にその事実を証明する責任がある、という原則を、様々な不合理をもたらすことも自覚しつつ、維持しているのである。

無罪推定原則と自己負罪拒否特権　「訴える者に立証責任がある」という、この原則は、刑事裁判の場合には、例外を認めることなく、徹底される。刑事裁判とは、被告人への刑罰として、その人の自由や生命を奪うことすら正当化する権力行使である点で、民事裁判以上に、人権にかかわる重大性をもつ。したがって刑事裁判では、原告として起訴する検察官が、被告人の犯罪事実を立証する責任をすべて負うのであり、(5) 無罪の推定を覆すだけの十分な立証を検察官が果たせた場合にはじめて、被告人は有罪となる。これが有名な**無罪推定原則**である。日本国憲法三八条一項では、刑事事件における被疑者・被告人の権利として、「何人も、自己に不利益な供述を強要されない」と定めている。これは取調中の拷問等を禁止しているのはもちろんだが、公判においても、被告人は自己の罪状を告白する義務はないし、不利益につながると判断すれば、質問への回答を拒む自由もある。刑事訴訟法三一一条では、「被告人は、終始沈黙し、又は個々の質問に対し、供述を拒むことができる」とし、また被告人が任意に供述をする場合には、その機会を与えなければならないとして、この趣旨をより詳細に示している。

さらに裁判官は、検察官による起訴状の朗読を終えた後、この権利があることを被告人に告げるべきことが定められている（刑事訴訟法二九一条四項）。被告人のこうした権利は**黙秘権**とよばれることが多いが、**自己負罪拒否特権**ともよばれる。この権利は公判においてだけではなく、公判以前の取調べの段階においても被疑者の権利として保障されている。

無罪推定原則への批判

正義感あふれる学生は、こうした厳しい証明のルールは、被疑者や被告人にとって有利でありすぎる、という感想をもつかもしれない。また一般にもそのように感じる人は少なくないようである。

たしかに民事裁判における原告と同じように、立証責任を課される検察側にとって、このルールは有罪判決を得るための重い負担であるのは間違いない。しかし検察官は専門法律家の集団であり、また全国の警察組織を指揮できる、強力な権限をもつ立場であることを認識する必要がある。たとえば被疑者が証拠となるナイフを川に投げ捨てたと自供し、それが自白以外の唯一の証拠となるならば、何百人もの捜査員を動員し、何日もかけて川を総ざらいしてでも探し出す人員や予算、権限を政府機関はもっている。この点で、最低一人の弁護人が付けられるだけの被告人との力量の差は明白である。捜査により証拠を見つけ出し、証明するのに十分な権限と能力が、捜査機関と検察機関には国民から与えられている。だから原則通り、重い立証責任が課せられるとしても不合理ではないし、不公平とも言えないのである。

(2) 取調過程における自白偏重という問題

とはいえ、現実においては、客観的な物証や証言によって証拠を積み上げるのではなく、被疑者の自白に頼り、それを元に証拠を探し、起訴事実を構成していく捜査・取調手法は、特にわが国では根強く残っている。本人がそう言ったのだから間違いない、というわけで、昔から、自白は証拠の王とも言われ、自白を取ることが取調の中心とされることが多かった。しかしこの結果、被疑者や被告人は、虚偽の事実の自白を強要されるという人権侵害が横行したのはよく知られている。今日の日本では、あからさまな拷問はおこなわれていないようであるが、被疑者が自白するまで、勾留請求を繰り返して勾留期間を延長し、延々と続く取調で被疑者を精神的に追い詰め、自白を取ろうとする、人身の自由保障を無意味化するような姑息な手法はなお横行している。

---

(5) ただし、わずかな例外として、刑法二〇七条における同時傷害の特例というものがある。複数人で人を傷害した場合、傷害や傷害致死をもたらした暴行が誰によるかを特定することはきわめて困難であり、この場合には誰の暴行が傷害や致死をもたらしたかを厳密に立証することなく、共犯として扱われる。

このような手法が根強く残っているのは、一定の文化的背景とも関わりがあると考えられる。実際のところ、わが日本においては、被疑者が身柄を拘束され、取調が開始された段階で早々に犯行を自白することも少なくない。これは海外の事例と比較してもかなり特異とも言われる。諸外国では、被疑者は、たとえ自分が犯人だとしても、わざわざ自分が不利となる事実を認める必要も、言う必要もないという意識が一般に強いのである。こうした意識が強く存在するところでは、本人が自分に不利になる事実を認めた、ということは、拷問等の強制を伴う圧力があったのではないかと疑う理由も十分に出てくるだろう。言い換えれば人権保障の行き届いた刑事裁判とは、捜査機関は、被疑者・被告人による自白に頼ることなく、客観的な証拠を積み上げ、裁判官の吟味に耐え得る主張を展開して、有罪の判決を得る、というモデルが基本的に想定されているのである。このようなモデルにおいて、捜査機関は被疑者の自白にむやみに頼ることなく、客観的な証拠を提出することが求められているのである。

黙秘を嫌う文化

しかしこうした想定は、わが国の謝罪・反省にかかわる文化とは、微妙にずれた部分がある。日本的な美徳なのか、馴れ合いなのかはともかく、日本人が被疑者の場合、逮捕されてしまうと、観念して素直に自白することも多い。また本人が潔く罪を認めるならば、なるべく寛大に対処しようとする社会的雰囲気もたしかに存在する。逆に被疑者・被告人が犯罪事実を認めず、黙秘を貫くような場合には、潔くないとして、世論からも裁判官からも、法律上根拠のない倫理的非難を浴びせられることが多い。黙秘権を行使する被疑者は、真実の解明に協力しようとせず、反省していない、ふてぶてしい反社会的な態度と見なされる。このような態度は裁判官の心証や量刑判断に悪影響を与えるから、黙秘権の行使は控えるようにと、被告人に助言する弁護人もいる。

日本的な捜査・取調手法の長所と短所

こうした倫理的雰囲気によって、わが日本の捜査機関はかなり手助けされていることは否定できないだろう。刑事裁判における被告人の有罪率はじつに九九％という高い数字が出ている(6)。もちろんこの数字には、取調段階で、不起訴となった案件は除外されており、起訴された案件のうちの割合である。この高い有罪率の背景には、検察官は確実に有罪とできる自信のあるもの以外は起訴しない、という完璧主義と共に、被疑者・被告人の多くが、逮捕されれば観念し、自己の犯罪行為を自白してしまう日本社会独特の雰囲気があることは確実だろう。そもそも検察官が被疑者としての見込みをつけながら、裁判において無罪の判決が出されるのは、証拠収集や証明が不十分であったことのあらわれであり、無罪判決は検察側にとっての敗北である。検察は負け戦になる可能性は当然避けようとするし、被告人の人権保障という観点からも、大きな精神的負担となる裁判については、確実に有罪とできる事件だけに絞るのが好ましい。この結果として、有罪率が高くなるのであれば、そのこと自体は決して悪いことではない。しかしこの有罪率の高さ故に、国民も裁判官も、検察が起訴したのだから間違いなく有罪なのだろうという予断をもち、場合によって裁判官すら、証拠に対する十分な吟味を怠り、冤罪事件が生じる背景にもなっている。

法的モデルと文化の不一致

わが国の刑事裁判のこうした運用について、諸外国と比較してどちらが好ましいかといった優劣を単純につけることはできないにしても、ある面では、検察側と被告人との馴れ合い、良く言えば優しい関係が存在する、という面は否定できないだろう。日本文化や日

(6) 最高裁判所の「司法統計」（令和元年）によれば、地方裁判所で扱った刑事訴訟事件のうち、有罪数は四万七五五五件、無罪数は一〇四件である。有罪と無罪を併せた全体のうち、有罪率は九九・七八％を占めている。

本人の倫理的観念や行動を一朝一夕に変えることはできないし、また変えるべきなのかどうかという問題もあるにせよ、刑事裁判というゲームのルールからすれば、自白という被疑者・被告人の反省や善意に大幅に依存する日本型の捜査は、相手方（被疑者・被告人）が好意で献上してくれるオウンゴールで得点をもらい、それで勝ったと喜んでいるサッカーゲームのようなものである。犯罪の事実を絶対に認めることのない被疑者・被告人モデルを前提とした上で、不当な捜査や強制的な自白を排除する捜査や取調べのルールを追求してきた刑事訴訟法のモデルからすれば、日本の捜査や取調べ、刑事裁判の実態というのはかなり変則的で、ある意味、のどかなゲームのようにも見える。

しかしその反面として、被疑者が自白をするまで、勾留の延長を繰り返し、被疑者を精神的に追い詰めて自白を引き出そうとする取調べ手法も今日なお横行しており、こうした負の現実も見落とすべきではない。こうした手法はこれまでも「人質司法」として批判されてきたところだが、人質司法は、いわゆるゴーン事件において国際的にも知られるようになった。こうした問題のある取調の手法は、硬軟の圧力を通じて、比較的容易に自白する日本人被疑者の特質、黙秘権を行使すると反省の色がないと非難する世論やマスメディア、またそうした社会的雰囲気を前提に、自白に頼る捜査・取調、そして同じ在朝法曹として人事交流もおこなう[7]裁判官と検察官との組織的な馴れ合い、これらが複雑に絡み合って形成されてきた手法といえるだろう。

（3）証拠をどのように評価するか

日本国憲法には、刑事裁判に関わるルールが、かなり詳細に規定されているが、これは刑事裁判が圧制の手段として悪用されることを阻止し、人身の自由を強力に確保しようとする姿勢を示すものといえる。

そのためには、まずは事実をどう適切に認定するのかということが重要である。

刑事訴訟法三一七条は「事実の認定は、証拠による」と規定する。これを**証拠裁判主義**という。被疑者・被告人が有罪であるとする検察官の主張が事実として認められるためには、証拠がなければならない。そしてその証拠はたしかに犯罪の事実を裏付けるものとして、間違いや捏造によるのではないかという「合理的な疑い」を差し挟まない程度にまで、証明されなければならない。

証拠能力と証明力

証拠の評価にかかわるルールを説明する上で、重要となるのは、**証拠能力**と**証明力**の区別である。主張されている事実を支えるものとして提出される証拠は、そもそも証拠能力を有するかどうか、もし有するとすればその証拠には証明力があるか、という二段階の吟味を経て認定される。前者の証拠能力とは、法律上、証拠となり得る資格をもつことを意味する。言い換えれば、どれだけ犯罪事実と合致しているとしても、証拠して採用される資格を認められない証拠も存在するのである。

証拠能力を認められる証拠の中から、実際に裁判官や裁判員が吟味し、事実を支える力をもつと認定された証拠は、証明力をもつ証拠と認定される。つまりある証拠や証言を、証拠として使用できるかどうかの資格（証拠能力）は、法律上の要件を満たさなければならないが、法律上の要件を満たした証拠能力ある

（7）明治憲法下の司法制度においては、裁判官も検察官も、同じ司法省に属する司法官僚として同僚の関係にあった。今日では裁判官の人事は最高裁判所事務局のコントロール下に置かれ、組織的には検察官と完全に区分されているが、相互理解を深める人事交流で、かつての司法省時代の密接な関係は残されている。相互の職責の理解を図ろうとする人事交流それ自体が悪いものとは言えないが、それならば、裁判官になるには一定期間、在野の弁護士経験を必要とするなどの相互理解も図らなければバランスは取れないだろう。

ものについては、裁判官や裁判員は、法律の拘束を一切受けることなく、証明力があるかどうか、全人格的判断によって証拠を評価するのである。このような証拠認定の方法を**自由心証主義**という（刑事訴訟法三一八条）。

証拠能力をもたない証拠の排除　このように、証拠の評価を二段階に区別する方法を採用することによって、捜査機関が違法な捜査によって取得した証拠については、証拠としての資格がはじめから排除され、違法な捜査を抑制することにつながる。また証拠として論じるだけの前提を欠く事実を、証拠認定の手続きから効率的に排除するという機能をもっている。たとえば、刑事訴訟法には**伝聞証拠排除の法則**といわれるルールがある。これは裁判の場で、証言の内容について質問や確認のできない情報、つまりうわさ話や間接的な情報は、証拠としての資格を排除するというものである（刑事訴訟法三二〇条）。また拷問や不当に長く抑留された後に得られた自白も、それがいかに実体的真実と合致しているとしても、証拠としての資格は認められない（憲法三八条二項、刑訴法三一九条一項）。

むろん被疑者が不当な圧力を受けることなく、任意に供述した自白については、証拠能力は認められる。だから捜査機関は自白を取りに行こうとするが、この場合でも「自己に不利益な唯一の証拠」が自白である場合には、有罪とされることはない。つまり客観的な補強証拠が得られない場合には、自白の証拠能力は否定されてしまう（憲法三八条三項、刑事訴訟法三一九条二項）。これは日本国憲法が、本質的な意味では自白主義を否定しているからだとも言われる。もっとも被疑者の自白を補強する証拠が別にあればよいわけで、この意味でも、自白を積極的に取りに行こうとする取調官への誘惑はなお強いのが現状である。

証拠（証言）を吟味するには、伝聞ではなく、必ずその事実を見た・聞いたという人から直接聴取し、疑問があれば質問によってその真偽を吟味する手続きが必要である。そこで検察側証人の証言に対しても、被告人の側から**反対尋問**をおこなう機会が権利として保障されねばならない（憲法三七条二項、刑事訴訟規則一九九条の二）。この権利が保障されなければ、証明力についての吟味を受けることなく、当事者の一方的な主張や証言が事実として採用されることになってしまう。証人の証言は、勘違い、思い込み、偽証等、必ずしも実体的真実と合致しているわけではないから、弁護人による反対尋問の権利が保障されねばならないのである。

反対尋問の許されなかった極東軍事裁判

ちなみに第二次大戦後、連合国によって開かれた極東軍事裁判においては、日本人被告人の戦争犯罪を裏付ける検察側証人の証言に対して、弁護人による反対尋問は許可されなかった。連合国側の検察官による起訴事実を支える証言が、十分な証明力をもつかどうか吟味する機会を与えられず、それが戦争犯罪を構成する事実として認定されたのである。いかなる政治的正義があろうと、裁判所自身がこのような訴訟運営を許可するならば、それは一方的な暗黒裁判であるとの非難を免れることはできなくなる。正義とは、これまで説明してきたような、地味ではあるが、重要な手続きを積み重ねることではじめてその資格を得るのである。アメリカ自身が憲法草案を作り、日本側に押し付けたとも言える刑事手続き上の重要原則を、アメリカの政治的正義が否認したのは皮肉なことである。

自由心証主義と陪審裁判

証拠能力を認められた証拠に、証明力があるかどうかを判断するのは裁判官（裁判員裁判であれば、裁判員も含む）の自由な判断による。これが自由心証主義の考え方である。これとは反対の考え方を**法定証拠主義**というが、これは今日では採用されていない。なぜなら、実質的な証明力の評価とは、この証拠は信用できるか、証人の証言は信用できるかにかかわる判断であるが、それは評価する者があらゆる事情、状況等を柔軟かつ総合的に考慮して決断する全人格的判断とされるべきだからである。自由心証主義を支えるこうした考え方は、イギリスやアメリカにおける陪審裁判や、陪審裁判の影響を受けて日本でも採用されている**裁判員裁判**を支える根拠となっている。なぜなら、評価者が全人格をかけておこなう総合的な判断とは、特に専門法律家としての能力を必要とするものではなく、市民としての健全な常識や理性があれば足りるものと考えられるからである。裁判官が争点を整理し、問題となる証拠が、事実として認められた場合の法律解釈を示した上であれば、事実の評価については、最終的な判断を裁判官に独占させておく理由はないと考えられるのである。

すでに述べたように、実際の裁判で争われる九割方は、ある事実が存在したか、しなかったかという事実問題であり、解釈のあり方をめぐる法律判断は、全体のうちのごく一部にすぎない。過去に生じた事実の真偽を評価するのは、ある意味で人間の能力を超えた仕事ともいえる。裁判においては、人間にとって、この過大ともいえる仕事が大きな比重を占めるのであり、民事・刑事の訴訟法は、この困難な仕事を、一連の手続きの中で認定しようとする試みである。これは正義とは何か、といった抽象的な問いとは対極にあるものだが、法はこのような「言った、言わない」レベルの卑近な事柄をいかに正しく認定するか、という積み上げの上で、正義の実現をめざしている。そしてそのための適切なルールや解釈を考えるのが学問としての法学なのである。

第Ⅲ部　法の概念から目的へ

第七章　法の概念

1.「法とは何か」という問いについて

（1）法を定義することの難しさ

法とは法令を意味するのか　本書は法学の課題としての「法の解釈」を一章で説明したが、そこで扱いの対象としたのは、憲法典を頂点とする、法律や命令といった一群の法令であった。つまり解釈の対象とされる「法」とは、実定法化された一群の法令であり、「法」とはこれらを意味するのだと一応考えることができる。

しかしこの回答だけで、法の概念をすべて説明できたとは言い難い。なぜなら法とは、立法手続きを経て制定されたルールというだけではなく、何らかのあるべき内容が追求され、期待されるのが通常だからである。たとえば、日本国憲法において、国会の制定した立法は、憲法典の定める人権条項に反するならば、違憲で無効とされる。つまり憲法の定める手続きによって制定された法律であっても、人権を侵害するとされる内容の法律は、真の法とは認められず、法としての資格を失う。現行の日本法の場合、法とは国会が制定した法規範だ、というだけではまだ不十分で、人権を侵害しない内容をもつことも規範的に求められている。

では有効な法律の前提条件となる「人権」とは何であろうか。これを明確に定義することもまた難しい。たとえば「人権は不可侵である」といわれることがある。

「人権」の内容をめぐる議論

しかし別の論者は、「人権も社会的な権利である以上、一切無制約ということはあり得ない」と、前者と矛盾する主張をする場合がある。どちらが正しいのか。前者の「人権」の概念はおそらく、「人間の尊厳」と同じような意味で使われる表現で、「人間の尊厳は侵害されてはならない」という道徳的な意味をもっている。後者の人権は、文字通り、法的に主張し、裁判所での救済が可能な、実定的な権利として理解されている。いくら表現の自由が重要であるとしても、他者の人格を誹謗中傷する自由が、人権の一部として認められることはあり得ない、という意味で主張されるわけである。いずれも説明としては誤りとはいえないもので、一見矛盾するかに見える主張も、それぞれの論者の考える「人権」の概念や定義が異なっているために生じただけの話である。しかしこの定義の違いを十分に認識しないまま、「人権は一切不可侵だ」、「いや、無制約の人権などあり得ない」と論争するような、まったく不毛で無意味な議論も少なくない。政治の現場やメディアでの言説ではこういうレベルの議論は少なくないし、少し油断すると専門家の間でも、こうした行き違いから不毛な議論は起きがちである。

このように、人権にせよ、法にせよ、そもそもどう定義するかという問題は、自然科学の場合と異なり、法はどうあるべきか、という理想や理念に引きずられる。法はどうあるべきかという、価値にかかわる存在について、誰もが承認する、出発点となる定義を定めることはもちろん可能であるが、その定義は「私はそうは思わない」という反論や批判に常にさらされ、一義的な定義を共有することが事実上できないのである。

（2）自然科学と法学との違い

数学や自然科学系の学問であれば、こうした混乱はまずない。1＋1＝2という取り決めによって算数や数学は成立している。1＋1＝1ではないか、1＋1＝3である場合もあるのではないか、といった議論は存在しないし、そのような議論がもし可能であれば、現代の数学上の認識はすべて怪しいものになり、土地の測量も、建物の構造計算も、すべて根拠のないものになってしまうだろう。水の定義については、H_2Oであることは実験や論証によって確証された答えとして覆されることがない。これに対して法律学をはじめとする社会科学や人文科学では、こうした明晰さは残念ながら得られない。自然科学や数学は、あくまで自然現象や論理法則を扱うもので、その認識が正しいかどうかは、観察や推論によって確認できる、そうした枠組みの中で成立している。これに対して、法にせよ、権利、義務、あるいは正義や徳といった倫理的な概念や社会的な概念は、目で見て観察することはできないし、実験でその内容を確認することもできない。社会的な諸概念は自然界には存在しないし、論理法則から導かれるものでもない。これらの概念は、一定の社会的な文脈の中で一応、共有されるが、その内容は、主張する人によって微妙に異なるし、時代や地域によってその内容もかなり変化する。刑法一七四条以下では「わいせつ」関連の犯罪を規定している。「わいせつ」や「卑猥」の概念は、世界中どこでも存在するものだとしても、具体的に何が犯罪となるような「わいせつ」性をもつかの実質的判断は、時代や地域によってまったく変わってくる。

法は解釈される存在

したがって自然科学の場合のように、「何が法か」を、1＋1＝2のように、最初に明確に定義し、それを前提に、合理的に推論を進めていくということは、法律学の場合、困難であるし、数学のような客観的に確実な知識とはならない。立法者の制定した法令を出発点に、個別のケースごとに、何が法であるべきかを、解釈していくのが法という概念である。法とは、人間の営みと無関係に存在する自然の事実のように、発見されるものでもない。また主権者が自由自在に作り上げられるものでもない。このように、法解釈の最終地点としての「法」の概念は、簡単に定義できるものでもなく、無理に定義したところであまり役には立たないのである。

（3）悪法は法か？

しかし法の概念を問題とする背景には、もう一つ別の理由がある。

合法的支配の要請

二〇世紀初頭のドイツの法社会学者マックス・ウェーバーは、人々が政治的権威に何故に従うのか、という観点から、支配の類型を、**カリスマ的支配**、**伝統的支配**、**合法的支配**の三つに分類した。その上でウェーバーは、支配される人民が権力者の命令に服従するのは、権力者が偉大なカリスマだからでも、伝統的な慣行だからでもなく、法律上の根拠をもつ命令だから従う、という合法的支配が、合理化された近代社会の特徴であると考えた。合法的支配を実現する上で重要となるのは、何が法であり、法ではないか、ということを明らかにする形式的な基準である。国会の制定した法規範が法である、といった法の定義の仕方は、こうした合法的支配からの要請でもある。ただし、この回答は、ある特定の国家や憲法体制の中でだけしか通用しない答えであり、独裁国家であれば、大統領府の命令が法である、といった形で答えは変わってくる。しかしそのような答えでは、どんな国や地域でも普遍的に通用するような、学問としての法学にとって満足できるものではない。また法をこのような形式的な基準で定義するならば、権限ある立法者の制定した法規範はいかなる内容のものでも法として認められることになってしまう。そうなると明らかに正義に反した内容の法も法として認められるということになる。

法実証主義と自然法論

何が法であるか、という問いは、どのような立法をおこなうべきか、裁判においてどのような結論を判決として下すべきかを、最終的に決定し、決着をつける根拠を求める問いでもある。法とは人民を合理的に統治する手段であって、道徳とは無関係である、このように考える立法者がいるならば、人民の間で密告を奨励するような悪法も制定されるだろう。こうした問題意識から、悪法論という伝統的な問題が生まれる。「悪法といえども法」だから、人民は悪法にも服従しなければならないのか、それとも「悪法は法ではない」から、悪法に服従する義務はないと考えるべきなのか。

古代アテネの哲学者ソクラテスは、不当な告発によって裁判にかけられ、死刑判決を受ける。不当な判決による死刑を受け入れる理由はないから、脱獄し、亡命するようにと彼の友人たちは勧めるが、ソクラテスは、この勧めを敢然と拒否する。その理由は、これまで国家の法によって我々は保護され、育てられてきたのだから、たまたま自分にとって不当な判決が出たからといって、判決や国家の法を否認することは許されない。このようなご都合主義を皆が正当化するならば、正義も法秩序も成り立たなくなる、とソクラテスは説き、彼は毒を仰ぎ死んでいく。ソクラテスは「悪法といえども法である」という立場を採ったのである。このように、現に存在する実定法のみを法と考え、法の内容は法の効力に影響力を与えないと考える立場が、学問上、**法実証主義**とよばれるものであった。

しかしソクラテスのこの振舞いは適切だったのかどうか、これについては古来多くの議論が重ねられてきた。法律の形を取るからといって、何でも有効だとして服従しなければならないとすれば、今日でも世界の各地で見られる少数民族虐殺のような、人道を踏みにじる悪質な権力行使も、法律の形さえ備えれば正当化されることになる。むしろそのような悪法は、法としての資格を欠くもので、無効と宣言するべきとも考えられる。実定法が法としての資格をもつのは、その実定法に正当性を与える、より高いレベルの法（これは自然法とよばれる）に反しないからであり、自然法に反する実定法は、無効である、という立場がここで登場する。この立場は**自然法論**とよばれる。

悪法論を考える現実的な意義　悪法が法であるのかないのか、自然法か法実証主義のどちらが正しいのかを、ここではこれ以上詳しく論じることはしない（この問題は「法哲学」を学ぶことで考えてほしい）が、「法とは何か」という一見抽象的で、何のためにあるのか分からないような問題も、このような形で、私たちの人生をも左右し、政治や国家の方向性を規定するような事柄にもかかわることがあるということである。

現在でも、国によっては、無慈悲に人道を踏みにじる法令により、犠牲となる人々がおり、またその法令を職務として執行しなければならない立場にある者が、苦しみながら命令に服従するという事例にあふれている。身近な例を考えれば、自分の勤務する会社で、上司から違法な営業や会計報告をするように命令されたとき、その業務命令は不正な内容だから命令ではないといえるのか、それとも違法であろうが、反道徳的であろうが、上司から命じられたものはすべて、会社の人間として正当な業務命令として受け入れるべきであり、それに従うべきか、こういう問題ともつながってくる。

2. 法の概念を規定する法実証主義の試み

(1) 主権者命令説

近代的な法治国家が確立して以降、法とは、憲法典の定める手続きにしたがい、国会の多数決によって承認された法規範であると、とりあえず考えることができる。この考え方は、法を成立させる手続き的な形式に着目して法を定義するものであった。しかし法学が、現行の法秩序や憲法体制が変わっても、通用する内容をもつ学問であるべきとすれば、より普遍的に通用する視点からの説明が求められる。

そこで現に通用（妥当）している法規範のみを法とみる、法実証主義の立場からは、より洗練された立場として、法を「主権者の命令」と見る**主権者命令説**が説かれる。この学説を主張した近代の法思想家としては、社会契約論で有名な**トマス・ホッブズ**や、一九世紀イギリスで**法理学**(1)を確立した**ジョン・オースティン**、功利主義者**ジュレミー・ベンサム**といった人々がいる。ホッブズによれば、法とは最終的に、違反者に処罰や強制をすることができてはじめて意味をもつのであるから、法は強制と一体の概念である。したがってある領域内で、違反者への制裁を完全に実行する強制力をもつ主権者のみが、何が正しいか、不正かを定める、立法者としての資格をもつのだと説明される。

ここでいう「主権者」とは、専制君主でも独裁的な大統領でもよいし、民主的な議会であってもよい。どのような政治体制であろうと、近代国家とは主権をもつ体制であるから、たとえ国民を代表する議会をもたない国家でも立法権者である主権者は存在する。法を科学的に認識し、分析するための出発点として、主権者命令説は、どのような国家体制に対してもあてはめることのできる普遍性をもっている。主権者命令説は、法学を、現行の実定法秩序から自立させ、客観化させる上で大きな進歩といえる学説であったといえよう。

（1）原語では jurisprudence という。本来の意味は juris 法にかかわる prudence 賢さ、賢慮を意味する。この学問は明治時代に、民法草案も起草した一人である穂積陳重によって東京大学で「法理学」として開講され、今日もこの名称の科目が開講されている大学もあるが、内容的には法哲学と同じといってよい。

主権者命令説の問題

しかし主権者命令説にも弱点がある。というのもこの学説は文字通り、主権をもつ国家や主権者を前提とする法概念であるから、主権の存在しない前近代的社会や、主権者の存在しない国際社会において、法は存在しない、という非常識な結論になってしまう。彼らの論理にしたがえば、国際法は法としての資格をもたない、ということになる。これは主権者命令説のもつ、定義をはっきりさせる長所の裏面として出てくる問題である。主権がない社会であっても、人々の行動を規律する法規範というものはつねに存在してきたのではないか、という当然の疑問がここからは生まれる。主権者の関与なく、形成され、裁判所で適用されてきた慣習法というものも少なくない。たとえ主権者が存在しないとしても、やはり「社会あるところ、法あり」といえるのではないか、というわけである。

またこの学説によれば、国際法は法ではないから、国際法はどんなに無視しようと違法とは評価されない。しかしこうした考え方を抱いた国家が国際社会を破壊し、国際社会の平和と秩序を乱してきた歴史を私たちは知っている。やはり国際社会のように、主権者の存在しない社会であっても、法は存在する、と考える方が事態を率直に捉える見方ではないだろうか。主権者命令説は、法の概念を伝統的な慣習や道徳など、他の社会規範から明確に区別し、法の客観化と自立化を進める点で優れた学説と言えるけれども、その代わりに、法の存在は完全に主権者の意思に依存し、法を国家主権という政治的なものに従属させる結果となってしまったのである。

「力は法なり」といえるか

主権者命令説には、もう一つの問題がある。それは法の効力を、主権者の「実力」という力の問題だけで捉えていることである。この問題は後に述べるように、法と強制とはどのような関係にあるか、という問題につながってくる。たしかに法は、それが破られた場合、刑罰や賠償、強制執行などの制裁が課される社会規範であり、制裁をおこなう力は、法を支える重要な要素であることは否定できない。

しかし強制や制裁がなければ、それだけでその規範は法としての性格を失うのだろうか。実際には現代日本の法においても、国民に対して義務を規定しながら罰則のないルールというものは少なからず存在する(2)。あるいは領土問題に典型的にみられるように、国際法の場合、大国が国際法のルールを破り、国際司法裁判所の判決に無視を決め込み、何の制裁も受けないままで放置される場合もある。ホッブズやオースティンは、国際法のこのような無力ぶりは、国際法が法とはいえないことの証拠であり、国際法は単なる実定道徳にすぎないと考える。しかし大国がその国力を背景に、制裁を受けないまま違法行為を続けていれば、その国は法を尊重しない国として、国際政治の上ではたしかに非難され、それなりに苦しい立場に立たされるのは、国際社会の中で国際法が法として承認されているからではないのだろうか。またこうした国際法の無視は、国際社会の中でも、ごく限られた事例であり、領土や主権とかかわることのない、経済的・行政的な取り決めの多くは、各国によって法とみなされ、きちんと守られている。同じように、国内法でも犯罪行為をした者すべてが捕まえられ、刑を受けるわけではない。逃亡に成功し、制裁が行われないままという場合もあるし、逮捕されても不起訴処分で終わりとなる場合もある。だからといって刑法が法としての資格を欠くとは言わない。

力「だけ」では人を義務づけることはできない

法とは単なる強制や力だけで成立するものではない。法が有効なものとして通用している（妥当している）状況とは、法が人々に対し、何らかの「義務づけ」

（2）未成年者飲酒禁止法（大正一一年法律二〇号）は、未成年者に飲酒を禁じるが、処罰の対象となるのは親権者や営業者だけで、未成年者本人に罰則はない（三条一項、二項）。

を与えている状況なのである。たとえば強盗から金品を出すように要求され、やむなくその要求に従った場合でも、私たちは強盗が正当な命令権者であるとは考えない。彼らはあくまで違法な暴力で人を脅し、一時的に他者を服従させているだけで、私たちは隙があれば逃げるか、抵抗するであろう。主権者命令説は、強制力のみを法の本質と考え、「力は法なり」を地で行く理論であるだけに、主権者による合法的な命令と強盗（強盗集団、軍閥、テロリスト集団など）との区別が本質的につかなくなってしまうのである。

国家は巨大な強盗団か

もっとも「国家とは、しょせん巨大化した強盗団にすぎないのだ」という見解もある。たしかに国によっては、国家の警察力がマフィアの支配領域に及ばず、マフィア組織が国家のように住民を統治し、場合によっては福祉的なサービスまでおこなう存在になっているところもある。あるいは極端に腐敗が進行し、警察官から裁判官、大臣まで、誰がマフィア組織の一員になっているのか分からないような国もある。その意味で国家と強盗団は区別しがたい場合があることも否定はできない。しかしこのような統治や法は、非常に安定感の欠けた、脆弱なものだろう。私たちが法律に服従し、遵守するのは、違反したら処罰されるから、という動機だけではなく、「違反すべきではない」と考えているからではないだろうか。警察に捕まりさえしなければ、違法行為を平気でおこなう、という人も一部にはいるだろうが、法秩序の確立している国であるほど、罰則や強制とは無関係に、法は「遵守すべきだから遵守する」と考える人の方が圧倒的に多くなるだろう。この状態こそ、法が通用し、機能している状態だと言える。法が効力をもち、法秩序として成立している状況とは、市民各自が「遵守しなければならない」と思わせる「**義務づける力**」を法が有している場合なのである。強制力は法にとって重要な要素だが、それだけでは暴力と変わらず、法と考えることはできない(3)。

（2）主権者命令説を批判する法実証主義

以上のように、法を単なる実力や強制力として定義するのは不十分である。そこで同じく、現に通用している法のみを法と考える、法実証主義の立場から、主権者命令説の実力主義を批判した、H・L・A・ハートの法概念論を説明しよう。ハートは二〇世紀イギリスを代表する法理学者で、彼は法を、第一次ルールと第二次ルールの結合として理解する学説を提唱したことで有名である。第一次ルールとは、どんな原始社会にでも存在する、義務や権利を与え、処罰を課する等のルールである。第二次ルールとは、この第一次ルールを制定し、修正、また裁定するための手続的ルール、つまりルールを作り、運用するためのルールである。現代国家でいえば、立法や改正の手続きを定める憲法典は第二次ルールを含む典型的な法といえるが、憲法典のない国であれば、第二次ルールは慣習憲法という形を取る場合もありうる。いずれにせよ、ハートによれば、法とは第一次、第二次ルールの結合によるものであるとされる。

ルールとしての法という考え方に立つこの学説は、主権者命令説のように、法の存在する場を、近代的な主権国家だけに限定することのない点が大きな強みである。ハートの法理論に立つならば、国際社会で通用している法も、前近代的な社会において通用している慣習法も、立派に法として考えることができる。さらに主権者命令説の問題であった、法を力だけに還元して説明しようとする発想もここでは克服されている。第一次ルールも第二次ルールも、その法共同体における人々の承認があって成立する。現実には不当な内容を定めた法律もつねに存在するけれども、そうした不当な法律でも、私たち自身が承認する所定の手続き（通常は憲法典に規定された立法手続き）を経たことを理由に、やむなく遵守すべき法として認め、服

（3）では「義務づけるもの」とは何か、という問いが大きな難問として生まれるが、それは法哲学上の論点となる。

従している。法とは主権者の単なる意思ではなく、人々が現に承認しているから法となる、という側面をハートの法理論はきわめて洗練させた形で説明している。

ただ、ハートの法概念は、普遍的な広がりをもつだけに、主権者命令説がもっていたような、単純明解な定義によって、何が法であり、法でないかを断罪するような切れ味は失われ、法の説明としてかなり無内容なものになってしまった。法の概念とは、説明は可能だが、定義することは難しいのである。つまり法とは、法のもつ様々な側面に着目することで、様々な角度から説明することはできるが、ある一面だけを明確に捉えるような定義づけはすぐに行き詰ってしまうのである。そうならないように、多角的な視点から説明しようとすれば、定義としては無内容なものになってしまう。

（3）オースティンとハートの共通点

ハートの法理論は、オースティンらの主権者命令説のもつ実力主義的な性格を厳しく批判する。しかしこの二つの学説に共通しているのは、「法とは何であるべきか」ではなく、「法とは何であるのか」という法実証主義的な考え方をとっていることである。それだけにハートの法概念は、たとえばナチス立法のような人権剝奪立法ですら、所定の手続きで制定されたから、有効な法として認めるのか、という批判を受けることになる。この批判に対しては、ハートからの反論もなされているけれども、この問題をこれ以上掘り下げることはしない。要するに問題として提起されるのは、ハートのように「現に通用している法」「事実としての法」だけを考察対象にする法実証主義の立場は、「悪法は法にあらず」と言うことができず、権力者の作り上げた悪法に国民は唯々諾々と服従させられるだけになる、という自然法論からの厳しい批判を受けることになるのである。自然法論は実定法の上に、「あるべき法」を想定する。この「あるべき法」を考えるのでなければ、法の概念の説明としては不十分ではないか、と考えるのである。

3．「ある法」と「あるべき法」

(1) 法における規範と事実

法とは私たちに対して、「〜せよ」「〜してはならない」といった形で、将来に向けた、命令や禁止を課する社会規範の一つで、単なる事実とはいえない。この点が、自然科学上の認識とは大きく異なる。こうした命題は、論理的には**規範命題**と言われる（単なる事実を説明するのは**事実命題**である）。規範命題の性格をもつものは法だけではない。道徳や宗教、習俗も、人々に何らかの行為や精神的態度を命じ、禁止する点で、規範命題の形を取る、社会規範の一種である。しかし法規範は、権限をもつ立法者が所定の手続きを踏んで定立した客観的な規範であるという、その他の社会規範とも異なる特徴をもつ。この客観的な要件を踏まえていなければ、どんなに立派で必要な内容の規範であっても、法としての資格を欠くことになる。「みんながそう言っている」、「普通そうやるものだ」という程度で人に行為や禁止を命じる道徳規範や習俗規範とは、この点で大きく異なるのである。

しかし同時に、法にとって重要なのは、人々が現にその規範を守っているという事実である。道徳規範や宗教規範は、誰もそれを守る者がいなくても規範として通用し続ける。これに対して法としての体裁を備えていながら、人々が公然とその法を破り、何の制裁も受けずに放置された状態が続くならば、法は一部の不心得者だけではなく、ふだん法を遵守し、まじめに生活している人々すら、その法律を遵守しようとする意欲を失い、「義務づける力」を失ってしまうだろう。法においては、「守られない」という**事実**が一定の規模で繰り返されることで、「守るべき」という規範力も失われてしまうのである。

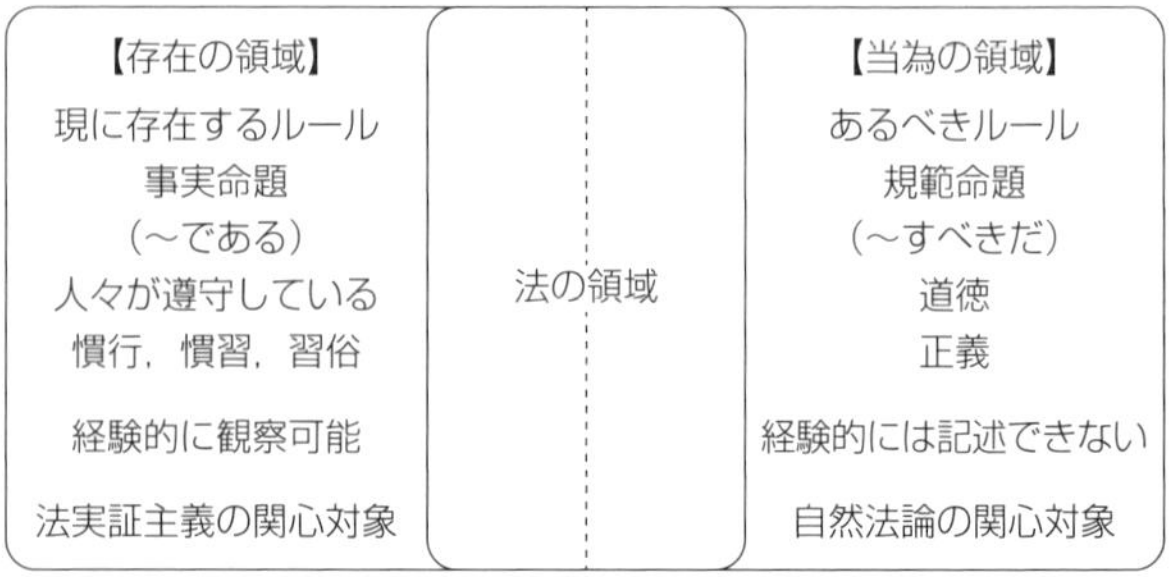

図5　法の概念

法は事実と規範の両面にまたがる概念である

このように法とは、事実の側面と規範の側面というう、二つの領域にまたがった概念なのである。

これまで説明してきた法実証主義は、法の客観性を追求しようとする立場から、主権者の実力や人々の遵守といった事実を重視する立場であるといえる。しかし「悪法は法か」という問いに現れるように、法とは単なる事実に尽きるものではなく、あるべき規範でもある、というのが人々の求める法のイメージでもある。法律の内容が正義の要請に反すると思われるとき、「法律にこう書かれている」というだけでは、問題の解決にはつながらない。自然法論とは、この問題への解決をめざして、実定法とは別次元の、あるべき自然法を想定するのである。

むろん「あるべき法」など、何の客観的根拠もなく、個人の主観的見解にすぎない、と法実証主義の論者は、自然法論を批判する。法律の条文は、見れば誰でも確認できるが、時空を超えて普遍的に通用する法など、どうやって確認するのかと言われればそれまでである。したがって今日では、一八世紀の市民革命の原動力になったような、単純な自然法論が説かれるわけではない。けれどもこれまで法の解釈においても説明してきたように、私たちは法を解釈するとき、つねに「あるべき法」や「正義」「公平」といった価値の実現を無視するわけにはいかないのである。

（2）法解釈に求められる道徳的要素

実際のところ、司法機関は、実定法に拘束されつつも、様々な法解釈技術を駆使し、紛争当事者が受け入れられるような、公平な法解釈を模索している。裁判官たちは「あるべき結論」をつねに模索しているのである。法律とは広く一般に適用されることを想定して、抽象的な表現で書かれているから、個別・具体的な状況で、当事者が満足するような結論を出せるとは限らないからである。そこで裁判官による法解釈の余地や必要が生まれるし、法学者は、法実務の外から、「あるべき結論」となる法解釈を理論的に論じ、裁判官や立法に影響を与えようとする。裁判官は既存の法令を決して機械的に適用しているわけではないのである。

法の実現された状態とは法律そのものではない

「法とは何か」という本章での主題にここで立ち返りたいが、以上のような意味で、またこれまでも述べてきたように、法とは紙に書かれた法令そのものではない。事実としてあらかじめ存在する制定法や命令が、正義や公平の価値に反することのないように解釈され、実際に適用、実現された状態が、はじめて法といえるのである。実定上の法令に人々が義務づけられ、違反することなく遵守している状況、あるいは行政機関が法令にもとづき処分を下し、裁判所も判決や命令という意思を示した状況として、法は実現されていると言える。だから「法の解釈」という言葉は、厳密には正確な表現ではない。正確には、実定上の法令が解釈され、その解釈を経て実現されたものが法というべきなのである。

したがって法について、「主権者の命令」であるとか、「所定の手続きにより国会が制定したもの」という説明は、法の一部分を説明したものにすぎない。それぞれの国で決められた立法手続きに沿って制定され、執行されることは、法が法といえるための必要条件であり、法実証主義の法理論が着目したのは特にこの部分であった。しかしこの形式だけ満たせば、どんな内容の規範でも法として有効だと考えるのは、法を学問として学ぶ上では不十分であり、危険でさえある。

法と道徳性の関係を考える必要

法は正義や平等、公平、善など、あるべき理念を実現すべきこと、少なくともこれらの価値を本質的に傷つけるようなものではないこと、私たちが法に期待するのはこのような側面であって、これが、法が法となるための十分条件と考えられる。

そこで重要な問題となるのは、法は、人々を義務付け、服従する動機を与えるような一定の道徳性や正義とどのような関係にあるのかということである。これまで述べたように、合理的な統治を目標とする近代国家において、法は道徳や宗教、習俗といったその他の社会規範から自らを分離し、独立する道をこれまで歩んできた。つまり法は道徳その他の社会規範とまったく同じではなく、分離すべき点もあるけれども、同時に一定の関連性をもっていなければならない。法と、他の社会規範との間での、この付かず離れずの微妙な関係を明らかにしていくことが次に求められるのである。

第八章　法と道徳

1．法・道徳分離論

(1) 法と道徳はどこまで一致するか？

「道徳」の意味やその果たす機能は幅広いが、社会規範の一つであるという点で、道徳と法は同じ機能をもっている。しかし法のもつ主な機能は「合法・違法」を明らかにし、最終的には正義・不正の判断をおこなう基準を示すものであるのに対して、道徳のそれは主に「善・悪」の判断基準を示すことにある。とはいえ日常的には、「違法」や「不正」はそのまま「悪」と評価されるように、合法・違法の判断と、善悪の判断は常識的にはかなり重なり合っている。殺人や強盗、窃盗等、「自然犯」と言われる種類の犯罪は、たしかに私たちの日常的な道徳感覚からも許されない、禁止されるべき「悪」であり、法的にも禁止される「不正」な行為である。前章で触れた「悪法は法か」という問題にも見られるように、一般に、法は善を追求し、悪を制圧するべきものと考えられているし、実際のところ、どのような国家であれ、立法者たちは社会的な悪を排除し、善を促進することを建前として活動していると一応言うことができるだろう。この意味で法と道徳はかなりの部分で重なり合っていることはたしかである。

法と道徳が無関係である場合

しかし法の内容は必ずしも道徳的要請と一致するわけではないし、常に道徳と関連をもっているわけでもない。この認識は、法を道徳その他の社会規範から自立させようとしてきた近代法においては特に重要である。道路交通法のような法律で、自動車の走行側を右側にするか左側にするかは、国によって異なるけれども、重要なのにはどちらかに決定されることであって、右側通行か左側通行かに道徳的善悪の問題はない。消費税法に規定されている消費税率を一〇％のまで維持するか、さらに引き上げるべきか、それとも撤廃するかによって、私たちの支払う税額や社会全体の経済状況は大きく左右される。こうした問題も国の税制や経済政策として、適切かどうかという問題にかかわるけれども、直接的には道徳的善悪の問題とはいえない。

このように法は、社会を合理的に統治するための技術的・政策的性格をも強くもっている。その内容が適切かどうかは、合理性や効率性の高さによって判断され、道徳的問題とは直接の関係はない。社会や経済の運営にかかわるこうした技術的問題は、近代以前であれば社会慣習に委ねられる面が大きかったが、支配の合理化という流れの中で、近代以降、法は大きな役割を果たすようになる。法がその出自において、道徳と近い性格をもっているにもかかわらず、やがて道徳から自立したものとして意識されるようになったのは、近代以降の社会の技術化や合理化という流れと深い関係をもっている。

法と道徳を分離させる意義

近代以降に進行した社会の合理化という流れは、伝統的慣習から解放された主権国家という、これまでになく強大な権力を行使する国家を生み出した。国家権力が伝統的慣習から解放されたことは、統治される立場の人々にとっては、良い面と悪い面をもつ両刃の剣であった。一方では、これまで個人の活動や振舞いを強く規律してきた伝統的な習俗をはじめとする社会規範が弱まることで、個人の自由は大きく広がることになった。他方で、これまで国家権力の行使を制限してきた伝統的な社会規範が弱まることによって、個人は強大化した近代国家の権力を前に、まったく無防備な状態に置かれるという問題も生み出した。個人主義や人権という考え方が生まれ、重要視されるようになった背景にはこうした事情がある。

こうした現象は、ヨーロッパにおいて、カトリックとプロテスタント諸勢力の間での激しい宗派抗争をいかに収拾するかという政治的課題とも関係していた。近世まで信仰の選択とは、個々人の自由に委ねられる問題ではなく、共同体のあり方にかかわる公共的な事柄であり、同じ共同体に属しながら異なる信仰をもつということは当時の人々にとっては考えられないことであった。宗教規範というものが、当時の人々にとって、様々な社会の規範の中でも特に重要な、大きな比重を占め、信仰の選択は個人の内心の問題ではなかったのである。

しかし宗教改革後の、血で血を洗う宗派抗争を経た結果、ヨーロッパでは、国家は個々人の選択する宗教・宗派に対して介入することは控えるべきであり、信仰は個々人の自由に委ねられるべきとの考え方が強くなってゆく。当時のヨーロッパ人にとって、信仰に関わる問題とは個人の道徳観とも直結していたから、これによって道徳も、個人の内心の自由に属するものとして、法（や国家権力）はこの問題に立ち入るべきではないとする考え方が強くなる。個々人は自分の生まれた共同体で信仰される宗教（それと一体化した道徳）を、当然の前提として受け入れるのではなく、自分で選択できると考えられるようになる。この考え方は、選択の自由と同意を社会秩序形成の本質とする、封建社会から市民社会への移行を示すものでもある。法と道徳を分離する考え方は、個人主義や自由主義と一体のものとして生まれたのである。

（2）トマジウスとカントの理論

クリスチャン・トマジウスの法・道徳分離論　それでは具体的に、法と道徳とはどのように区分されるのだろうか。代表的な論者として、ドイツにおける啓蒙主義自然法論者であるクリスチャン・トマジウス

（一六五五―一七二八）が挙げられる。彼によれば、道徳とは、人間の内面を規律し、内面的な平和を求める社会規範であるのに対し、法は外形にあらわれる人の行為を規律することで、外的な平和をめざす社会規範として区別される。この考え方は、道徳は個人の内心のあり方にかかわるものであるから、外から強制することはできないし、するべきでもないこと、逆に法は、外形にかかわる行為を規制するものだから、強制可能であるという、法と強制の関係にかかわる一つの見方とつながっている。

　たしかに個人の内面、特に「良心」にかかわる問題は、外からいかに強制しようと本人がその気にならなければその心理状態を変えることはできない。また本人にその気もないのに、特定の精神的態度を取るように圧力をかけるのは個人の内心の自由を無視するものでもある。これに対して、外形的な行為に関しては、本人が内心で何を考えていようと、要求される命令や禁止に従いさえすればよいし、またそれに反する行為をする者に対しては、外からの強制も容易である。このような意味で法と道徳は分離される。個人の内面的平和の確保をめざしたこの考え方は、近代における自由主義思想の中核といえる。

カントにおける合法性・道徳性の区分

トマジウスの自由主義的な法・道徳理論を別の側面からさらに発展させたのが、次の世代に属する哲学者カント（一七二四―一八〇四）の理論である。カントは行為にかかわる**合法性**と**道徳性**とを区別した。カントによれば、人間は道徳法則と言われる道徳的な命令に服従するよう、内面的に義務づけられているが、それに従うかどうかはまさに本人の自由な意思による。動機が何であれ、その道徳法則が求める行為の外形を満たしさえすれば、その行為は道徳的な意味での合法性を満たすものとされる。道徳法則に外形上服従する限りで、その行為は非難されるべきものではない。しかしそれだけでは道徳的な価値は認められない。むしろ従わなければならないから、従う、という純粋な動機に根差した場合のみ、道徳的には価値があるものとされる。この要請を満たした行為は（合法性ではなく）道徳性があるとされる。単なる外形上の一致でしかない合法性と、道徳性をカントは区別したのである。

これだけでは抽象的すぎて分かりにくいと思われるので、例を出してみよう。たとえば「他人に親切にせよ」という道徳上の命令がある。困っている人を助けたい、という純粋な動機にもとづき、おこなわれた行為であれば、その行為には道徳性があると認められる。しかし他人に親切にすることで見返りを期待し、あるいは親切な人だとの評判を得たいといった別の不純な動機に導かれていたとすれば、彼の行為は、他人に親切にするという道徳的命令には外見上は一致しているけれども、道徳的な意味では価値ある（道徳性を満たす）行為とは言えない。この場合は、道徳法則に表面上合致しているという意味で「合法性」をもつにとどまる。

世俗の法の世界において、この意味での道徳性を人々に要求することは不可能であるし、要求するべきでもない。法の支配する市民社会においては、市民はあくまで要求される行為の外形さえ満たしておれば、つまり行為の合法性さえ満たしておれば、それで十分であって、我々はそこで満足するべきなのである。動機の純粋性という、他人の内面の領域にまで他者が問題とするようになれば、プライバシー領域は完全に他人に踏み込まれ、管理されることになり、私たちの自由な行動や思考は失われるだろう。カントはこのような個人の内心のあり方まで他者が支配することを「徳の専制」として忌み嫌った。道徳性とは、あくまで個々人が自分の内心において問題とし、実現をめざすべきものなのである。これに対して法への服従は、外形上の要求に一致しさえすれば、法的・社会的にはそれで充分なのである。

ない。

（3）法・道徳分離論の問題

古典的な法・道徳分離論は、以上のような内容をもつが、この考え方は現代でも大筋において認めることができる。ただそこには多くの曖昧な点や問題点が含まれており、何が法で、何が道徳か、何を強制でき、何が強制できないのか、という具体的なケースについては、答えを出すのが困難となる場合も少なくない。

法は行為の外形だけを問題とするわけではない

なぜなら現実の法は、外形的な行為だけを対象としているわけではなく、行為の動機や内面に注目する場合もあるからである。また、だからといって、そうした法が、個人の内面の自由を侵害するような不当なものとは限らない。道徳についても、個人の内面的自由を規制するだけの規範ではないし、また強制が存在しないわけではない。

たとえば刑法において、まったく同じ外形的行為による結果として、他人を死なせたとしても、故意犯、過失犯、あるいは不可抗力として犯罪が成立しない場合、と評価は様々に変わってくる。人を殺そうと思って殺せば、故意による殺人罪であるし、何らかの注意義務に反した結果、死なせた場合は過失致死罪である。精神異常のような、責任能力を認められない状態にある人間が他人を殺害した場合には、犯罪は成立しない。この違いは基本的に、実行行為をおこなった者の精神状態、つまり内面的な状態に着目して出てくるものであるが、このような区分は不当なものとはいえない。また酌量減刑にしても、犯人の内面も斟酌して判断されるわけで、法は決して個人の内面を無視していないし、また無視するべきでもないといえる。

道徳は個人の内面だけを問題とするわけではない

また道徳も、決して個人の内面だけを規律する規範というわけではない。社会道徳とか、公衆道徳といわれるように、道徳も社会規範の一つであって、他者との関係を外形的に規律するものも少なくない。パンデミック下において、外出時にマスクを着用するべき、との要請は、法的に強制することも可能だが、わが国では敢えて法的強制や罰則の対象とはしていない（二〇二一年一月現在）。それでも他者に迷惑をかけないようにするべきだ、という公共的な道徳はたしかに存在するのであり、この点で道徳は個人の内面だけにかかわる問題とはいえない。今日では、健康増進法の施行や反喫煙運動のために、喫煙者はすっかり肩身の狭い立場に置かれるようになったが、法的な規制対象とはなっていない場所であっても、煙を嫌がる人や乳幼児の前では喫煙を控えるべき、とするのも公共的な道徳の一つだろう。

このように日常生活での我々の振舞いは、決して法だけで規律されているわけではなく、常識や慣習、良識の入り混じった公共道徳や社会道徳と言われるものによっても強く規律されている。そしてこの場合、道徳だから強制は存在しないというわけではなく、道徳違反の振舞いに対しては、人々からの非難の声や無言の同調圧力、社会的評判等が制裁となり、人々の行動は事実上強制されている(1)。国家権力による法的強制ではないけれども、有形無形の社会的強制も明らかに強制の一種であるから、道徳的行為は「強制されない」というのは、現実を踏まえたものとはいえない。道徳規範を、強制不可能で、内面的な自由を規律する規範と理解するトマジウスの見方は狭すぎるといえる。

(1)　同調圧力は、多数者に同調するよう個人への不当な圧力になる場合があり、この点で批判的に言及されることが多いが、同調圧力のまったくない社会が実現したら、公共的な道徳は成立しないだろう。

2．最小限の道徳としての法

（1）立法者の道徳志向性

こう考えていくと、トマジウスが考えたように、法と道徳を明確に区分することは、決して簡単なことではない。現時点では法的な規制を受けておらず、社会道徳や良識に委ねられている振舞いであっても、外形にかかわり、他人に有形無形の影響を与える行為である限り、立法によって法的強制の対象とされる可能性はつねに存在する。

政治は道徳的正義を求める　二〇二〇年のパンデミックにおいては、全国的なマスク不足の状態にかこつけて、マスクを大量購入し、法外な価格で転売する一部の個人業者等による行為が社会的問題となった。彼らはネットの世界では「転売厨」「転売ヤー」などとよばれ、軽蔑されたが、それ自体は合法的な行為であったため、買い占めによってマスク不足はさらに深刻となり、その影響も無視できないものとなった。これを受けて政府は、国民生活安定緊急措置法（昭和四八年法律一二一号）にもとづく、国民生活安定緊急措置法施行令を改正（令和二年政令一七三号）し、マスクや消毒剤など、一部日用品については転売を禁止した。もともと仕入れた商品をどこで、どのような価格で売るかは業者の自由であり、値付けは商人道徳やビジネス倫理の問題と言えるが、パンデミックという緊急事態下で、政府は国民世論の声を受け、またたくまに法的な規制対象としたのである。あるいは従来、法的にほぼ放置されてきた喫煙についても、受動喫煙の害が認識されるようになってからは、健康増進法の改正法（平成三〇年法律七八号）によって、事業所全体での禁煙や禁煙区域の設定が義務づけられるようになるなど、個人の道徳的良識に委ねられていた問題が今では法的な問題へと変わろうとしている。これらの改正法はそれ自体、不当なものではなく、こうした道徳的要請を法律に反映させることは、民主政治下において国民の保持する立法権の行使といえる。政治というものが、公益への敵対や社会道徳を破壊するような行為を抑えるのが使命であるとすれば、こうした立法上の規制は当然の対処ともいえる。この意味で法には一定の道徳的価値判断が反映される。

しかしだからといって、理想主義的な道徳すべてを、法や政治に反映させ、実現しようとすると、政治や法の世界からは合理性が失われ、教条的で抑圧的な政治や社会が登場することになりかねない。反道徳的な振舞いすべてを法的な規制対象にしようとする、こうした極端な考え方は**法的モラリズム**と言われるが、法・道徳分離論とは、こうした息苦しい法的モラリズムの支配に風穴を開けるという意義をもっていた。

同性愛など性的な行動への規制

こうした問題にかかわる典型的な例としては、性的自由にかかわる行為の解禁を挙げることができる。キリスト教など一神教において、同性愛行為は教義上、罪とされ、キリスト教文化圏では中世以来、長らく法的に禁止されてきた（同じく一神教のイスラム世界の多くでは現在でも違法とされている）。しかしこうした行為は、公衆の目に触れるものでない限り、具体的な実害のない「被害者なき犯罪」であり、法的規制の対象とするべきではないとする議論が第二次大戦後以降高まり、今日、西側の先進資本主義国では、同性愛行為は個人の道徳的自由に委ねられるものとして、法的な規制対象からは外されている。この例は、法から道徳的・宗教的性格が除外され、法がより価値中立的に変容していったことの一例といえる。

しかし他方で、未成年者を対象とする成人の性行為については、判断能力の未成熟な未成年の人権を保護するために厳しい規制の対象となり、この面での規制は、世界的により厳格化されている。また成人どうしの合意にもとづく性的関係の自由は尊重されるべきとしながら、性的な意味合いを強調した表現については、女性の人権の侵害であるとして、フェミニズム系の団体は規制を主張している。

これらの規制論は、プライバシー領域における性的自由をむしろ制限するもので、依然として禁欲主義的な宗教倫理の影響を受けながら、ある種の現代的な性道徳を厳格化しようとする方向性をもつものといえる。こうした規制論は、「不快」で「気持ち悪い」という、道徳的感情を法的に保護しようとするものといえるが、同性愛行為やそれにかかわる画像がまったく規制されない現状と比較すれば、この扱いの落差がどこまで論理整合的に説明できるのか疑問でもある。これまで反道徳的なものとして規制されてきた行為が非犯罪化され、自由化される一方、アニメ画像の性的表現規制を求めるような、ある種の道徳的な厳格主義がダイレクトに法に反映されやすくなっている現代の状況は、法と道徳との関係が、立法者と国民世論によってかなり恣意的に決定されるもので、その境界線は、世論や文化によって左右される、流動的なものであることを示している。

こうした点を考えると、法・道徳分離論とは、現実社会での適用という点では特に論理一貫性をもって主張されているわけではなく、許せないと感じられる不快な表現や行為は、人権保護の名で規制が正当化され、逆に同性愛のような、伝統的倫理からの解放を象徴するような行為については内面上の道徳的問題とし、自由化を正当化する論理として、便宜的に利用されているだけという側面も否定できない。

政治がすべてを決定する？

法と道徳の区別する境界線の設定については、気まぐれで感情的な世論に委ねることなく、客観的な基準やガイドラインを作ることが、法学や倫理学に委ねられる任務と言える。しかし最終的な決定をおこなう立法の場は、民主的多数決によって物事が決定される以上、国民多数の道徳的感情が、これこれの行為を法で規制（あるいは解除）せよ、と望むならば、どんな内容のものであっても、事実上、規制対象とすることはできるし、また規制から外すことも容易である。つまり法と道徳は分離するべき、とする自由主義の重要テーゼも、国民多数の道徳的意見（感情）の前では簡単に吹き飛ぶ。何が人権にかかわる問題であり、何が道徳的問題であるかは、立法者である国会（と国民世論）が決めるというのが一つの現実である。立法は政治的行為である以上、法と道徳の区分すらも、究極的には政治的に決定される。この点で、前章で問題とした、ホッブズやオースティンの説く、法＝主権者命令説は、再び説得力をもって登場する。

（2）社会倫理の反映としての法

これまで述べてきたように、道徳とは、決して個人の内面だけにかかわる問題とは言えないこと、また外形的な振舞いにかかわる社会道徳については、法的問題にも道徳的な問題にもなりうる。このように考えると、法の内容に一定の道徳性が反映されることは避けられないし、当然のことでもある。法とは合理性だけに支配される、単なる技術的なルールではなく、立法者の誰もが、法律の内容に、道徳的正義を与えようし、少なくとも反道徳的なものではないような内容にしようとする。そうでなければ、新たな立法に対して、国民一般に法の遵守を求めることはできないだろう。この法律には道徳的に問題がある、と国民一般が感じるようであれば、どんなに適正な手続きを経て制定された法律であっても、十分な遵守を期待できなくなる。法律は制定手続きにしたがって作られた、というだけでなく、あるべき内容をもつものでなければならないのである。したがって法と道徳の境界にかかわる問題は、どのような内容の道徳を法の強制に委ねるべきか、また委ねるべきではないか、という点からも考えてみる必要がある。

法は高度な道徳を要求できない

法とは公的権力によって、国民に一定の禁止や命令を強制することを主眼とする社会規範である。これに対して道徳の場合にも、強制はあり得るが、それは法規範の場合と違い、社会的評判や同調圧力を通じた強制であり、公的権力によるものではない。言い換えれば、法によって規制すべき行為とは、公的な強制力を発動するに足りる重大な事柄と考えられるものであり、道徳に委ねられるべき行為は、そのレベルにまで及ばないもの、という道徳的な重大性の大小として一応考えることができる。この観点から両者の関係を考えると、法に盛り込んでもよい道徳とは国民全員にその遵守を要求することが正当とされるような、必要最小限のものとする必要がある。逆に道徳とは、法と同じく、殺人や窃盗の禁止のように、最低限誰でも守るべき規範も含むけれども、一般通常人には遵守できないような高度な事柄や自己犠牲まで要求する規範をも含んでいる(2)。高度な道徳的要求を達成する個人がいるならば、それは道徳的に立派な行為として称賛されればよい。これに対して法の要求は、遵守するのが当然の事柄であり、遵守したからといって賞賛を受けることはない。だから法とは、一定の道徳的内容を反映するものであるとしても、どんな人に対しても遵守を要求できるだけの、最小限度の道徳的水準にとどめられる必要がある。平和のため、一切の武器や暴力を否認する非暴力主義の精神は、個人的な道徳としては尊敬されるべき態度だが、国全体で非暴力主義を採用し、防衛力を一切もたないとすることは、国民すべてに自己犠牲を伴う高度な道徳を強要することになる。このように考えれば、国是としての非武装主義という思想は、いかに法にそぐわない発想であるかということも分かる。

こうした認識を背景として、両者の関係を表現したのが、一九世紀ドイツの公法学者ゲオルク・イェリネクによる「**法は最小限度の道徳**」という言葉であった。法は一定の道徳的内容を含むものであるからこそ、万人に遵守を強制することが可能となる。しかしその道徳的内容とは万人に要求できる最小限度の水準にとどめられるべきであり、だからこそ公権力による強制も可能になるのである。

法と道徳のもつ、この性質の違いを無視し、本来は道徳領域の問題とされるべき行為を、世論の後押しで法の規制対象にする例は今も昔も数多い。有名な例としては、一九二〇年代に全米で施行された一連の禁酒立法がある。アメリカはもともと禁酒を要求するキリスト教プロテスタント倫理の強い国である。そうした文化的土壌を背景に、アルコールこそ貧困や失業、家庭の崩壊、暴力などを生み出す諸悪の根源であるとして、その全面禁止立法を求める運動が第一次大戦後、婦人団体を中心に展開された。この運動はやがて連邦議会を動かし、酒類の規制に関して、州の管轄権を制限するための憲法改正までおこなわれ、全米に及ぶ禁酒立法が制定されたのである(3)。

禁酒法の失敗

しかしこの立法はよく知られているように、完全な失敗に終わった。アルコール類の製造や販売が禁止されたことで、製造や販売は地下活動化し、違法な地下活動のプロであるマフィアたちが密造や密売で大儲けすることになった。そもそもアルコールの飲みすぎが身体に悪影響を与えるとしても、これまで適度な量で嗜んできた人からすれば、いきなりの全面禁止はあまりに乱暴である。またよくないと分かっていても、やめられず、手を出さずにはいられない人々からすれば、あらゆる手段を使ってアルコールを手に入れようとするし、そうした需要がある以上、地下で製造や販売、外国からの密輸をおこなえば大儲けが

(2) 典型例として、右の頰を打たれれば、左の頰を差し出せ、とする、新約聖書による非暴力主義を挙げることができる。

(3) アメリカは各州が立法権をもっているので、一部の州だけが酒類の販売や飲用を禁止しても、他の州での製造販売で抜け道はいくらでも見つけられる。そこで禁酒法は全米で同時に施行する必要があるとして、憲法を改正し、連邦憲法上認められた州の立法権を制限する必要があった。このような憲法改正の例としては、現在も存在する修正一三条の「奴隷制の禁止」条項がある。

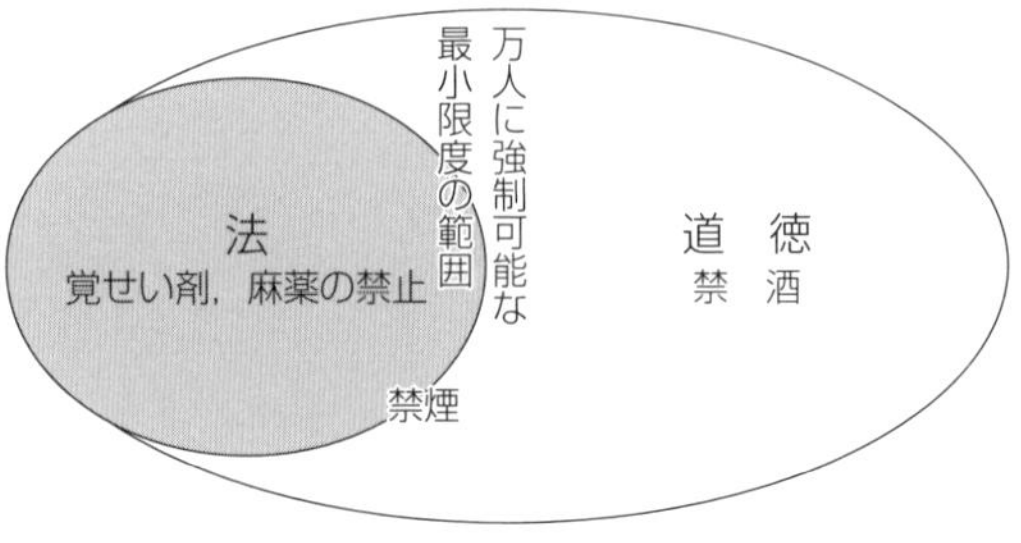

図６　最小限度の道徳としての法

見込めるとしてマフィアたちが色めき立ったのも不思議なことではない。

禁酒法が立法政策として、大きな問題といえるのは、罰則まで定め、人々に遵守を要求する法が、公然と破られ、無視されるという事態をもたらしたことである。刑法をはじめとする禁止立法は、違反のない状態が正常であって、違反者や処罰される者が続出するというのは異常な状況である。取締りが追いつかず、大量の違反者が処罰もされず、大手を振って歩いているという状況になれば、法は法としての尊厳を失い、結果的に禁酒法以外の法律すら守らなくてよい、という雰囲気が蔓延しかねない。人々が公然と違反し、処罰もされない法律が存在するということはそれだけで、法秩序全般の信用や人々の遵法精神を破壊し、結果的に治安の悪化や崩壊にもつながる。

法的モラリズム

飲酒に限らず、喫煙規制問題、マスク着用、ハラスメント等、今日世間の注目を引く問題は、好ましくない振舞いに端を発する道徳問題であると同時に、他者の権利侵害ともかかわる法的問題でもある。こうした問題を一挙に解決するために、禁酒法と同じように、罰則付きで法的に規制すればよい、という主張がしばしば出てくる。このような、日常的、社会的な諸問題を、法的な規制対象とすることによって解決しようとする考え方は法的モラリズムといえる。アメリカにおける禁酒法問題が行き過ぎた法的モラリズムの一例と言えるのは、禁酒という意識の高さや意思の強い人でなければ実行できない、道徳的賞賛を受けるようなレベルの行為を、一般の国民全体に強要しようとしたところにあった。

法的モラリズムは一定の程度にとどめられるならば、全面的に否定されるべきではないにせよ、それが行き過ぎるならば、個々人の道徳的良識や自由に委ねられる部分すべてが、公的問題として処理され、杓子定規な基準が個人の行動を支配する、道徳の専制がもたらされるだろう。

「最小限度」の範囲も国より様々である

とはいえ禁酒立法のような法的モラリズムのすべてが行き過ぎたものとして、つねに失敗を宿命づけられているというわけではない。サウジアラビアなど、イスラム系諸国では、法で禁酒を定めている国も多いが、そうした国々では禁酒法が公然と無視され、治安が悪化しているわけでもない。禁酒が一つの文化としてすでに定着している社会では、むしろ禁酒立法の廃止の方が問題をもたらすだろう。そうした文化をもつ地域では、国民自身が、アルコールとは、立法で禁止するに値する重大で、誰でも守るべき最小限の道徳だと考えているわけである。

同様のことは、喫煙の制限や禁止に関する意識の変化からも理解できる。喫煙が第三者の健康にも深刻な影響をもたらすことが近年は強調され、すでに述べたように健康増進法の改正によって、我が国の事業所内では喫煙が大幅に制限されている。喫煙の自由については、人権上の議論は別とすれば、国民の意識も変化し、禁止も可能なレベルに近づきつつあるといえよう。昭和の時代のように、ほぼすべての成人男性が喫煙を嗜み、学校の教員室まで、紫煙がもうもうと立ち込めていた時代状況ならば、禁煙法の制定は大きな混乱をもたらしただろうが、そうした状況は大きく変化している。個人の道徳的良識に委ねられていた問題が、徐々に、法的に規制されるべき「最小限度の道徳」に変化しつつある。この点で、何が道徳の対象で、何が法的規制の対象かの問題は、究極的には社会の意識にかかってくる。

3．法と道徳との緊張関係

（1）法・道徳分離論にかかわる解釈の多様性

このように、「何が最小限の道徳か」については、厳密にその基準を示すことは難しく、あくまで目安を示すという程度の機能しかない。ただ「法は最小限度の道徳」というイェリネクの言葉は、法のもつ強制の契機とも強い関連づけがおこなわれており、法、道徳、強制の関係を簡潔に表現したものと言える。そもそも法・道徳分離論は、何を道徳問題とし、法的問題と考えるかによって、法に道徳性が一定程度反映されることを容認する立場もあれば、法は価値中立的なものとして、一切の道徳的内容を含むべきではないという主張まで様々である。法・道徳分離論の一つでもあるカントの議論の場合、同性愛の禁止も含め、キリスト教道徳の内容が大幅に追認されている。同性愛も外的にあらわれる一つの行為である以上、法による強制の対象であり得るし、外的行為に関する法の要求さえ遵守すれば、それで内面の自由が侵害されたことにはならないというわけである。義務教育の場で問題となる、卒業式や入学式での国歌斉唱や国旗掲揚についても、教職員の立場にある者が、国歌斉唱のための伴奏を拒否することは、内心の道徳的自由であると主張される一方、本人が自らの希望で公立学校職員となることを選択した以上、伴奏拒否は内心の自由の問題ではなく、単なる職務規律違反であるとも考えることもできる。いずれにせよ、この問題を法・道徳分離論というテーゼだけから単純に解決することは難しい。

法・道徳分離論は不可能を要求しているか？　「法は最小限度の道徳」という命題は、法は一定の範囲で道徳ないし社会倫理規範を反映するもので、またそうであるべきもの、という主張を含んでいる。この主張は、法は道徳内容を反映するべきではないという、極端な形で主張される法・道徳分離論に対抗する関係にある。最小限度論の立場に立てば、そもそも、法と道徳の分離を厳格に主張する立場の人々も、じつは一つの道徳的立場を暗黙のうちに受け入れている、という批判も可能である。たとえば成人どうしの合意があり、他人に危害を加えないという理由[4]で、同性愛が容認され、同性婚の制度化が正当化されるとすれば、成人どうしの合意を条件として、一夫多妻や一妻多夫のような婚姻形態（ポリガミー polygamy とよばれる）も正当であり、成人に達していれば親子兄妹（姉弟、兄弟、姉妹）のような近親間での婚姻も制度として容認されるべき、ということになるだろう。しかしここまで主張する議論は現段階では支配的ではない。つまり同性婚は容認されるべきだが、ポリガミーや近親婚は認めるべきではないという立場を採る人々は、法と道徳の厳格な分離を決して求めているわけではなく、キリスト教的な婚姻倫理の現代的修正版といえる、新しい社会倫理や道徳観を法制度に反映するよう求めているのだと考えられる。その意味で厳格な法・道徳分離論は、それを支持する人々も完全には実行できない、不可能を要求しているとも言える。「法は最小限度の道徳」というテーゼは、この点でイデオロギーにかかわりなく、法と道徳との分離を主張する人々の意識や法の実態をも素直に説明しているといえる。

(2)「法は最小限度の道徳」とは言えない場合

とはいえ、「法は最小限度の道徳」テーゼには、やはり厳しい批判が突き付けられる可能性がある。法はつねに社会道徳の一部というわけではなく、時には道徳と激しく対立し、緊張関係に立つ、悩ましい事態

(4) イギリスの功利主義哲学者であるジョン・スチュアート・ミルは、自由への制限を正当化できるのは、他者に対する危害を防ぐ場合に限られるとした。これは危害原理（harm principle）とよばれる。

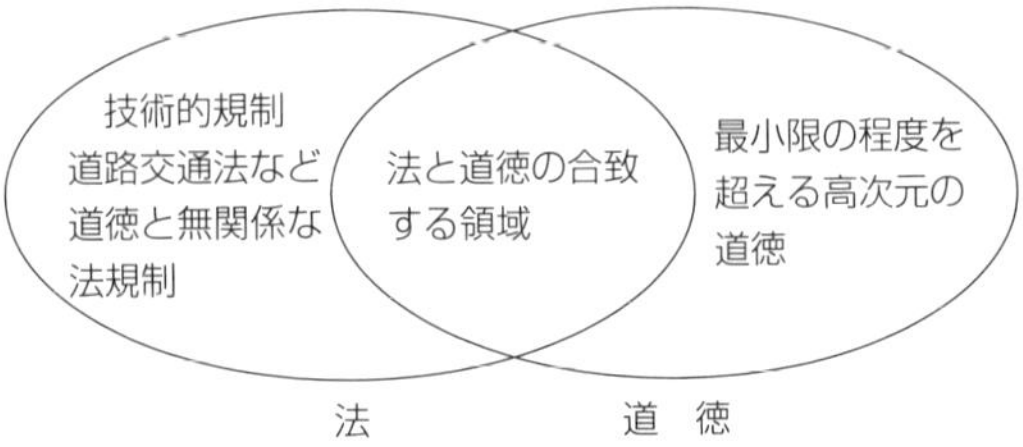

図７　法と道徳の重なり合い

も存在する。

森鷗外の小説『高瀬舟』はこの状況を描いた典型である。生活苦と病苦に追い込まれ、主人公の弟は自殺を図るが、これに失敗し、大量出血の中で悶え苦しむ。これを発見した兄に対し、喉に刺さった刃を抜き、楽に死なせてくれと弟は懇願する。哀れに思う兄は弟の懇願を受け入れ、その刃を引き抜き、法的には殺人者となってしまうのである。ここには一方で、人を殺してはならない、という当然の法的命令があり、他方で助けてやることもできず、苦しみ抜いて死んでいく人を放置できないから、少しでも楽に死を迎えさせてやりたい、という道徳的には理解できる心情との緊張関係、対立がある。森鷗外は医師でもあり、この問題は今日でも、安楽死問題という法学や倫理学における大きな論点となっている。

安楽死を合法化しても問題はなお残る

むろん一部では安楽死を合法化している国もあるように、一定の条件で安楽死を法律によって容認することもできるし、そうすれば、法と道徳の分裂や対立という問題は解消しそうにも思える。しかし安楽死に名を借りた殺人行為が自由におこなわれることがないよう、法は安楽死を容認する一定の条件を設定せざるを得ない。そうなれば法の条件を満たせず、違法となるが、やはり道徳的には安楽死が求められる場合も出てくるだろう[5]。そのときやはり当事者は、法か、道徳か、という実存的な決断を迫られるのである。

こういう限界的な状況は日常的ではなく、例外的な事例にも見えるけれども、必ずしもそうとは限らない。社会の現実に立法が追い付かず、ビジネス、医療その他の現場で、法に反する形で問題を処理せざるを得ないような場合も少なからず存在する。そのとき裁判官をはじめとする法律家は、どのように判断するべきか、また法律家でない現場の人々もどのように考えるべきなのか。とりあえず法令遵守（コンプライアンス）さえしていればよい、という態度は単なる思考停止や責任回避のための自己保身でしかない場合も出てくる。法と道徳の関係はこうした現実的・実践的な問題と深くかかわってくる。

こうして考えてみると、「法は最小限度の道徳」といった楽観的な図式だけでは把握しきれない面があることも認識できる。法の要請に従い、苦悶している人を死ぬまで放置してよいのか、ということになるし、苦悶状態にある人を楽に死なせてやりたいという道徳的要請にしたがえば、殺人の罪を覚悟しなければならない。法と道徳はいつも幸せな一致を謳歌できるわけではないのである。

（3）法と道徳の共存、健全な距離感

法以外の社会規範の重要性

人類社会は、法、道徳、宗教、習俗などを、社会規範として混然一体としていた状態から、その発展に応じてそれぞれの機能を分化させ、近代以降、社会規範の中に占める法規範の比重は限りなく大きなものになってきた。とはいえ、私たちの社会を支えている社会規範は法規範だけではないし、法以外の社会規範は重要でないということにはならない。また法的ではない強制も一定の重要性をもっている。もし私たちの行動を規制する強制が、公権力による法的制裁（刑罰、

（5）たとえば安楽死をおこなう資格を医師に限定するならば、緊急事態で医師がおらず、素人がおこなえば殺人となる。この場合は『高瀬舟』の問題提起はまったく解決されないことになる。

民事上の直接強制、間接強制等）だけに限定されるなら、法にかかる負荷は過大なものとなる。私たちの行動を規律するものは、法的な強制だけではなく、現実には（宗教的、道徳的な）良心があり、名誉感情、社会的非難、同調圧力、恥の意識等、様々な道徳的、慣習的な強制が併せて存在する。これらの協働関係の中で、法も支えられ、社会はバランスよく機能している。その意味で法が一定の社会倫理的な意味を含み、法が道徳を支えると同時に、道徳も一定の強制力を有することで法は支えられているといえる。

このように、法と道徳の内容が重なり合う領域では、両者はそれぞれ独立し、存在すると同時に、他方を支えるという関係にある。多くの人々は、刑罰が怖いという理由で殺人を控えるわけではなく、道徳的に悪と考えるから殺人をしないのである。逆にもし殺人を禁止する法がなくなれば、私たちは殺人が道徳的悪であることを知りつつも、正当防衛のために武装することも余儀なくされるだろう。強力な国家権力が存在することで、殺人も武装も禁止され、私たちは道徳的悪に手を染める必要はなくなり、自然で健全な道徳的感情も守られる。法は、公的な強制力を通じて、道徳を保護するという役割をもっている。また逆に、道徳が存在しているから、法による禁止や強制を、国民は正当なものだと認め、法を積極的に遵守しようとする。この場合は道徳が法を支えている関係にある。

法と道徳を切り離す意義

法と道徳が、内容的に一致する面があるからといって、両者は一体というわけではないし、一体化するべきでもない。両者は適度に距離を保つ、相互に独立した関係を維持しておかなくてはならない。形式性を生命とする法が、道徳に取って替わることはできない。また強制や制裁には法的強制だけではなく、道徳的な強制も自由な社会にとっては重要である。

ただ、非権力的な強制といえども、道徳的な制裁には、メディアの煽り立てに見られるように、大衆の俗悪な良識や歪んだ正義心の発露で、不当に人を苦しめ、時には集団リンチのような形で人を自殺に追い込む可能性すらある危険なものであることも認識しておかなくてはならない。またそうであるからこそ、大衆的な道徳感情が法を直接支配することのないよう、道徳と法を制度的・機能的に切り離しておくことが求められる。道徳的良識に反するように見えても、違法行為に及んでいない限り、処罰を受けることのない、自由な領域を保障しておくことは重要である。政治は往々にして国民の感情に支配され、モラリズムが暴走する領域だが、だからこそ、国民世論や政府から独立して法的判断を下す司法権の独立は、自由な社会にとって死活的な意味をもっている。

道徳上の問題は道徳上の議論で解決を図る

しかし他方で、非常識で、独善的な振舞いをする個々人の行為が、合法であり、法的には許容されている、という理由だけで、その行動が道徳的にすべて免責される、と考えるべきでもない。個々人は法に反しない限り、自由に行動できるけれども、本人は自由な主体として、その発言や行為の結果を引き受け、責任を負わなければならない。また法的に容認され、権利があるというだけの理由で、行為の結果について、他人からの批判を一切免れるような特権が認められるわけでもない。違法ではないが、非常識として非難されるような振舞いについては、本人の言い分と共に、社会からの理性的な批判も当然許容されなければならない。どちらが適切で正しいかは、議論の結果や時間の経過によって明らかになってゆくのであり、法がどちらかの立場を保護し、肩入れするのは、道徳上的な議論を、法の権力によって短絡的に解決しようとする法律万能主義である。そうした法律万能主義によって、社会が息苦しくなり、自由を失っていく事例を、私たちは自国の歴史においても、現在でも多く見つけ出せるだろう[6]。法と道徳との関係を考え、その健全な関係を模索することは、単に法学上の問題というだけでなく、私たちの国の政治や社会のあり方とも深くかかわってくるのである。

(6) 戦前の天皇機関説事件では、天皇を「国家機関の一つ」と法理論的に位置づけた美濃部達吉の学説が、天皇に対する不敬として非難され、その著書は発禁処分となり、美濃部は貴族院議員の辞職を余儀なくされた。戦後は人権意識の高まりによって、糾弾されるべき不敬の対象は天皇から、障碍者、外国人、女性などに移っている。保護されるべき少数者への表現に敬意が欠けると見されると「人権侵害」「差別」と見なされ、社会的に抹殺される雰囲気が今日も存在する。この点で日本社会は戦前戦後一貫して、憲法的に保護される何らかの少数者を神格化し、自由な言論を抑圧しようとする衝動を持ち続けている。明治憲法以来、憲法が学校での道徳教育と直結させられ、憲法的価値が極度に国民道徳的な性格を与えられた結果、法と道徳との健全な距離感をいまだに日本社会は測りかねている面があるように思える。

第九章　法と正義

1．法の理念としての正義

(1) 法の目的と道徳の目的

前章では法と道徳の関係について説明したが、法とは、現に法として妥当しているという事実の問題であるだけではなく、法はどうあるべきか、という理想や目的によって規定される側面をもっている。その意味で、「法とは何か」という問題は、最終的に、法は何を目的としているのか、またその目的は何であるべきか、という目的論として完成するといえる。

道徳規範の目的としての善　同じ社会規範として、法と道徳は内容的に重なり合う部分も多いが、道徳とは何を目的としているだろうか。簡単に言えば、それは（道徳的な意味での）善といえる。日常生活の中で迷惑行為をする人への怒り、政治家の発言、芸能人の振舞いへ怒りがニュースメディアではよく取り上げられる。これらは要するに、道徳的善悪の問題であるが、視聴者や読者の興味関心を惹き、視聴率アップや販売部数の売り上げを期待できるのである。「道徳」といえば、学校での「道徳」の授業のように、堅苦しく、建前的な綺麗ごとばかりを言うものだと思っている人も多いが、メディアの視聴率稼ぎにも大いに利用されているように、一般に人々は道徳的悪を非難し、道徳的善を追求することに強い関心をもっている。

ところで殺人や窃盗の禁止は、法によって禁止されているが、それは同時に道徳的な悪でもある。法も道徳的善の追求と無関係とはいえない。しかし法はあくまで人間の行為の外形を中心的な関心としている。ある人を「殺したい」と思うだけなら犯罪ではないが、そう思うこと自体、道徳的にはすでに非難されるべき悪である。法がこれを処罰しないのは、法の要求は、道徳的善のレベルで言えば、非常に低レベルの水準にとどまるからである。また「隣人を愛せよ」といった高レベルの道徳的善を法的な強制で実現することは不可能である。

道徳的善の条件としての法

内容的に道徳と重なる範囲内で、法は道徳的善を可能とするための枠を定めている。法的に殺人が禁止されることで、人は殺人という道徳的な罪を犯す可能性も同時に排除される。その上で、愛を以て隣人に接するという、高いレベルの道徳の実現は、各人の自由に委ねられる。法は最小限の道徳を強制することで、高いレベルの道徳的善を可能とする枠を作り、促進する機能をもっている。法が目的としているのは、この最小限度の、強制されるべき道徳的善で、これを一応、**正義**とよぶことができる。道徳の目的が善であるのに対して、法の目的は正義と考えることができる。言い換えれば法が道徳と重なるということは、正義と道徳的善には、重なる部分が多いということを意味する。しかし前章で述べたように、道路交通法のような、技術的事項を定めた法律は、道徳とは無関係に見える。また占有者や債務者が、時間の経過を根拠に、物権を取得し、債務を免れることを認める取得時効や消滅時効のように、法と道徳が対立するかのように見える場合もある。とすれば、正義とは、道徳的善を促進するもの、と単純に言い切ることもできず、何かまた別の内容や性格をもつものといえる。ではそれは何なのか。

（2）平等としての正義

二〇世紀ドイツの法哲学者であり、刑法学者でもあるグスタフ・ラートブルフは、法の目的となる理念を、正義と規定した。しかし、正義は道徳的善と重なる場合も、対立する場合もあると述べたように、正義は一つの側面からだけでは捉えきれない性格をもっている。そこでラートブルフは正義を、広義の正義と狭義のそれとに区分し、狭い、厳密な意味での正義を、「等しきものは等しく扱え」という意味での平等と理解した。これはアリストテレス以来の、西欧で伝統的に理解されてきた正義の概念でもある。

この考え方は法的な正義のもつ、もっとも中核的な性格を適切に指摘している。なぜなら平等とは、これまで述べてきたように、法のもつ重要な属性である規則性や形式性と、非常に密接な関係をもつからである。一定の要件を満たせば、誰であれ、平等に適用され、一定の効果を認める、というのが法の特性であり、ここに私たちは正義を見出す。法のもつ特性としての規則性や形式性は、平等という形で正義を実現していると言える。

平等も多様な側面をもつ

とはいえ、平等とは、正義の場合と同じように、実際上の問題に引き付けて考えると簡単には把握しがたい、多面的な性格をもっている。市民法において、市民は平等として扱われる、と以前に説明したが、このことは決して、法的な関係にもとづく命令・服従関係を否認するわけではない。未成年者を保護するために、その行為能力を制限することは差別とは考えられないし、試験合格者のみを公務員として採用することも不平等とは考えらない。「等しきものは等しく扱え」という平等とは、それぞれの価値に応じて扱うことを求める原理であり、様々な個性や属性をもつ人や事柄を、まったく同一に扱うことを要求するものではないからである。「試験合格者のみを公務員として採用する」というルールは、誰であれ、試験に合格した者を平等に公務員として採用するが、合格しない者は、合格者とは異なる扱いをする（差別する）。こうした意味での不平等は、一定の基準に沿った合理的なものとして、社会的にも必要であり、一般に承認されている。しかもここでは、形式的な意味ではあるが、平等が達成されている点で、一定の正義は達成されている。非難されるべきは、正当な理由のつけられない、不合理な差別であり、そうした差別が許されない不平等であり、不正義なのだと考えられる。この意味で、平等という正義は、何らかの意味で、不平等と表裏の関係にある。「神の前では万人は平等」という言葉すら、神への信仰をもたない者は救済されないという「差別」が前提になっている。

何が不合理な差別・不平等か

とはいえ、何が合理的な差別であり、不合理な差別であるかは、試験の例のように、いつも単純に判断できるわけではない。明治時代の日本では、民選の衆議院選挙制度が存在したが、選挙権を与えられたのは成人男性のうちの、高額納税者のみであった。これは選挙制度を始めた当初においては、男性と女性、高額納税者とそうでない者との差は、政治参加の資格の可否を決める本質的な違いと考えられていたことによる。大正期まで東京帝国大学の卒業生は、無試験で国家公務員になる資格を与えられていたが、これも国家公務員となるための知識や能力の点で、東京帝国大学の卒業生だけは、他大学出身の受験者とは質点に異なる存在だと考えられていたからである。いずれの場合も、現代では正当な区分とも、合理的な差別ともみなされない。差を設けることが合理的などうかの判断は、その時代の社会的意識や社会構造によって変動する。だから今日、平等と考えられている区分や基準が、次の時代には不平等とみなされる可能性はつねにある。

(3) 平等な税制

なぜ平等には、同時に不平等や差別がつきまとうのだろうか。この問いに対しては、平等は一定の価値判断があって可能となるものだから、と回答できる。たとえば税制のあり方を考えてみよう。税の徴収は平等であるべきだ、ということに誰も異論はないだろう。ではどのような徴収の仕方が平等といえるのか。

機械的に同じ扱いをすると不平等と受け取られる場合

第一の方式としては、すべての国民から一律同額の金額を税として徴収するという方法である。第二の方式は、前年の所得に対して、一定の税率をかける所得税方式である。第一の、一律同額の方式は「人頭税」とよばれる方式で、歴史的には悪税の典型とされてきた。その不合理さは少し考えるだけで容易に理解できるだろう。昨年の所得が一億円の人からも、二〇〇万円の人からも、まったく同額の税を徴収するのは、富裕層にとっては軽すぎ、低所得層にとっては重すぎる。この方式を平等と考える人はいないだろう。つまりまったく同じ扱い（同額を徴収する）をすることが平等とはいえず、むしろ大きな不平等となる場合があることは、この例から容易に理解できる。

積極的に差をつける方が平等と受け取られる場合

では同率による所得税なら平等と言えるのかと言えば、これにも問題はある。実際のところ、多くの国では、所得が少ない人には所得税を免除するか、税率を低くし、所得が高くなるほどに税率を上げるという累進税率方式を採用している。この方式が同率による所得税と比較して平等といえるかどうかは議論の余地があるものの、一般には後者の累進税率の方式が平等に近いと理解されている。同じ一〇％の所得税率であっても、所得が一億円の人から一〇％の税を徴収しても生活に響くことはないが、所得二〇〇万円の人から一〇％分の二〇万円を徴収することは、生活上、死活的な影響がある。これは「逆進性」と言われる。生活への打撃度という逆進性を考慮すると、同率の所得税方式は、低所得者に、より重い負担を負わせる不平等なものだと評価できるだろう。

逆進性を考慮するのは金持ちいじめか

しかし富裕層からすれば、税率とは誰にも対しても同率である、というのが平等であり、高所得者だからといって、高税率にするのは民主主義と多数者の勢いを頼んだ金持ちいじめであると批判される。平等な税制とは、平等な基準にしたがって税額を算定し、徴収することであって、生活への打撃度の平等というものは、平等な税制とは何の関係もなく、税務当局が取りやすいところから効率的に徴収したいという効率性の話ではないか、そもそも所得が低くなるほど、支出が生活に打撃となるのは当たり前の話で、だから誰もが所得を上げようと努力し、社会も発展するのであると。

このような反論が説得力をもつかどうか別として、累進税率方式を採用するとしても、高所得になるにつれて急傾斜で税率を上げていくか、緩やかなものにするかについても、多くの政策的な議論がありうる。最終的に、どのような税制を採用するかは、国家として、個人の財産権を強く擁護する自由主義的な価値観を採用するか、それとも高負担の税で、経済的な格差をより是正しようとする価値観を採るかという問題に帰着する。

形式が維持されれば平等とよばれる資格はある

このように一言で「平等」と言っても、その具体的な基準の立て方は、個々人やその社会の支配的な価値観によって様々である。税制上の方式として、同額徴収の人頭税方式を平等と考える人はほとんどいないが、これが税制ではなく、たとえばパーティーのための会費徴収という状況であれば、人頭税方式に賛成する人は多くなるだろう。何が平等かの基準は、個々人の信念によって異なるだけでなく、同じ人でも状況によっても簡単に変わるのである。同率方式、累進税方式、同額の人頭税方式のいずれであっても、一定の形式的な基準に沿って税が徴収されるならば、どれも一応、形式上は平等な扱いをしているのであり、その意味で一定程度の正義を満たしていると言える。仮に人頭税方式を採る国家で、ある役人が、A氏には一〇〇万円の税を徴収し、B氏は低所得であるのを哀れに思い、一〇万円に減額した、とすれば、それこそ不平等で不正な取り扱いと言える。定められた基準にしたがい、私的感情なしに、規則的に対応するならば、どの方式でも一応は、平等と呼ばれる資格をもつのである。

形式的正義だけでは正義の要請は満たせない　平等とは、何の基準もない、恣意的な判断を排除することを求める。ではそれぞれの基準をもつ、三つの方式のうちのいずれが実質的な意味で真の平等であり、正義なのかを論理的に導くことは難しい。しかも正義という理念が厄介なのは、規則に沿った平等な扱いが、しばしば冷酷であり、不正義だと批判されることすらある点である。いくら形式的に平等なルールが存在しても、「実質的に不平等である」と非難される。同率の所得税に対する批判はこのような場合である。逆に法律の規定を無視し、貧困に苦しむ人への課税を軽減するような不平等な対応をする役人が、人情を知る立派な役人であり、正義の人と讃えられることもある。大金持ちから財産を奪えば、不正をおこなう盗賊として非難されるが、盗んだ金銀を貧民に分け与えれば義賊であり、正義の人として讃えられる。正義とは、じつに気まぐれで不可解な、様々な顔をもっている。このようないい加減な観念が、法の目的となることはできるのだろうか。

2.　実質的正義

(1)　価値相対主義

一定の基準にしたがい、平等な扱いをしているのに、それが不平等であり、不正義だと言われることがあるのはなぜなのだろうか。それは形式的な平等としての正義は、正義と名乗るための必要な条件ではあるけれども、それだけでは正義を名乗るにはまだ十分ではない、と私たちは考えていることによる。三つの徴税方式の例で言えば、求められている答えは、どの方式が正しいのか？　どの税制を採用するべきなのか、という問いへの回答であるが、一定の基準に沿って平等な扱いをしている限り、どれも正義です、という答えでは、何も答えたことにはならない。こうした複数の形式的正義のうち、どれが正しいかを教えてくれる観念が**実質的正義**といわれるもので、それは特に立法の場で求められる。それでは、実質的正義を知るための客観的な方法や基準は存在するのだろうか。

実質的正義を示す基準は存在するか　形式的正義とは、法律の基準に沿って形式的に引き出される。これに対して実質的正義を教えてくれるための基準は法律の形では存在せず、それを決め、教えてくれるのは立法や世論という政治の現場である。つまり実質的正義とは何かについては、究極の次元にある問いとして、それを教えてくれる客観的な基準は存在せず、学問的にも答えを出すことはできない、とも考えられる。このような考え方を、**価値相対主義**という。つまり、①人頭税、②同率の所得税、③累進税率による所得税、という税制の問題について言えば、①については、経済活動と関係なく税収を得ようとする専制的国家を求める価値観であり、②は自由な経済活動と財産権をより保護しようとする自由主義的な国家観であり、③は富裕な人間から貧しい人間へ積極的に財を移転させるべきと考える福祉主義的な国家観を反映していると言えるが、どの税制を選択するかは、その国民が、どの国家観を選択するかによって決まる。しかしどの国家観が正しいかについて、それぞれの人は、自分の立場が正しいと考えているだけで、客観的に答えを出すことはできない、あるいは仮に存在するとしても、学問的には分からない、と価値相対主義は考えるのである。だからこそ、立法という政治の場においては、民主主義的多数決が必要なのだと考えられる。そもそも客観的に正しい結論が分かっているのであれば、行政官僚や裁判官が、その都度必要なルールを制定すればよいわけで、罵声の飛び交う国会や時間のかかる民主主義の過程ははじめから必要ない、ということになる。

この考え方は、究極の正義を求める立場からすれば、いかにも物足りなく感じるが、決して見当外れとは言えない。政治や法を扱う社会科学においては、事実のみを探求する自然科学のように、客観的な答えを見つけることはもともと難しい。にもかかわらず、自分の政治的主張を、いかにも学問的に正しいものであるかのように説く学者も少なくはない。価値相対主義は、そうした態度を厳しく批判し、学問の名で政治的主張を展開することを戒めるのである。

(2) 功利主義

価値相対主義のもつこうした態度は、学問的には誠実だが、平等の基準を定める実質的正義とは何か、という問いには何も答えられていない。またこうした態度は、ナチス支配のような暴虐の政治体制ですら、一つの主張としての権利を認めることにつながりかねない。そこで立法や政治のめざすべき実質的正義を示す、何らかの基準を示そうと様々な努力がおこなわれてきた。こうした努力の一つに、功利主義の哲学がある。

功利主義とは、イギリスの**ジュレミー・ベンサム**（一七四八―一八三二）によって提唱されたもので、倫理学や経済学、政治学や法律学など、社会科学系の学問に大きな影響を与え、一般的には「最大多数の最大幸福」の標語でよく知られる。功利主義の基本的な考え方は、快楽を善とし、苦痛を避けるべき悪とみなし、善の増大を幸福であるとする。その上で、快楽や苦痛を効用計算の対象とし、快楽である善を最大限増大させるよう、立法者は計算し、効用を増大させること、ベンサムはこれを立法の目的としての正義であるとした。

効用計算

功利主義はこのように、あるべき実質的正義について、効用計算という客観的な方法で答えを出すことができると主張する。このため、特に経済学のような数学的方法を重視する学問では、効用を経済的利益と同一視することによって、計算は容易となる。平等の基準となるべき立法の目的は、効用計算によって示されることになる。たしかに経済政策のような分野であれば、こうした手法は有効である。しかし経済的利益だけを追求すべき目的とするわけではない、法学や倫理学の世界では、効用計算はそもそも成立するのかという疑問は当然生まれる。何を快楽とみなすのか、同じ快楽でも、様々な質の違いがあるはずで、これをどう処理するのか、といった問題である。

ベンサムの後継者である**ジョン・スチュアート・ミル**（一八〇六－一八七三）は、すべてを量に還元して計算の対象とするベンサムの功利主義を批判し、精神的な、高級な快楽と、肉体的な、低級な快楽とに区分する質的功利主義を提唱した。こうした区別を設けるのは常識的には納得のいくものだが、その代わりに、効用計算によって一義的な回答を出す、というベンサム功利主義のもつ簡潔明解さは失われてしまう。たしかに功利主義的な効用計算は、同じ次元で比較できるものであれば有効であり、効率性や合理性としての正義を追求する上ではそれなりに意味をもつ。しかしそれだけで様々な価値観や形式的正義の対立を処理し、究極的な実質的正義を示してくれると期待するのはかなり楽観的である。

全体の利益と個人の利益

功利主義的正義論に対するもう一つの批判としては、効用計算の目的である「最大多数の最大幸福」の追求に対してである。この目的は、最終的には国家全体にとっての効用や利益を優先し、個々人のもつ利益は、数量的には小さなものとして簡単に無視されるのではないか、という危惧である。実際のところ、ベンサムはフランス革命で掲げられた自然権的な人権論を非科学的なものとして批判していた。もっともベンサムは「一人を一人以上にも一人以下にも計算しない」として、個々人の領域を確保した上での効用計算を求めており、功利主義自体は当初より、個人主義的な性格を与えられてはいる。しかしこうした計算は、国家を構成する個々人が、同質で同一の価値観を共有しているならばよいとしても、個々人のもつ多様な価値観を同一の次元で比較できるように数量化し、計算できるのかという疑問がある。立法という国家の求める正義は、少数者のもつ価値観や、文化的に有意義な物事も、効用計算によって容易に無視し、結果的にはベンサムの望む方向ではないとはいえ、国家による効率性追求を至上の価値とする実質的正義論となりはしないか、という疑問がある。

(3) ロールズの規範的正義論

学問の客観性を追求する価値相対主義は、実質的価値にかかわる正義の探求を断念する。そこでその空白を埋めるように、効用計算による正義原理を主張する功利主義が正義論を支配するようになったが、あらゆる価値を量的に評価してしまいかねない功利主義の正義論には、批判や不安がつねにつきまとう。このため、二〇世紀後半には、正義を求める理論は手詰まりとなっていたが、一八世紀の社会契約論や自然法的な正義論を、現代的に洗練させた形で復活させたのが**ジョン・ロールズ**（一九二一―二〇〇二）による正義論である。彼は形式的な正義に、実質的な内容を与える正義を「公正としての正義」と捉え、それを導き出すための理論的・手続的条件として、国家なき原初状態を最初に想定する。彼は歴史や伝統といった偶然的要素によって妨げられることのない、普遍的に通用する、実質的な正義の理論を政治哲学的に追求し、提示したのである。

原初状態　公正としての正義の原理はどのようなものか。それは誰もが平等に権利や機会を享受し、偶然的に与えられた特定の属性や立場によって、ある人が有利となり、不利な状況に置かれることのない状態をめざすものでなければならない。人はどうしても、現在の自分が置かれた立場や属性を前提に物事を考え、（無意識的にせよ）自分が不利にならないような利益分配ルールを求めてしまう。そこでロールズは、国家なき原初状態の中で、自分がどのような属性（人種、性別、能力、信念等）をもつか知らされない状態（**無知のヴェール**）を最初に想定し、公正としての正義の原理を導き出すのである。もし自分が有能な人間であることを知っていれば、その人は競争社会の勝者にとって有利な制度、たとえば税制で言えば、平等な所得税率を定める法を正義の制度として主張するだろう。逆に自分に能力がないと感じる人は、より平等な配分を可能とする累進税率による所得税法を正義の原理として求めるだろう。しかし原初状態として仮定される無知のヴェールの状態では、自分がどのような人間かは一切分からない。男性か女性か、才能ある人間かそうでないか、裕福な環境か貧困な境遇か、など個人的属性は一切知らされない。この状況であれば、人々は自由を求めつつも、自分が最悪の状態に置かれることのないような法や制度を求めざるを得ない。このように特定の立場の利益に偏することなく、自分がどのような立場に置かれた場合でも、承認できるという条件が満たされる場合に、その議論は道徳的に正当性を得るとロールズは考える。そこで合意された原理は、道徳的に正当な、正義の原理として採択されることになる。この思考実験を経て、ロールズは、正義の第一原理と第二原理を導き出す。

正義の諸原理　**正義の第一原理**とは、各個人に対し、基本的自由への平等な権利が保障されることである。これは近代立憲主義の採用する、自由主義的な諸権利にほぼ該当する。ただこの原理は自由を重視するため、競争の激化による格差や不平等を生み出してしまい、これだけでは原初状態において合意された正義の構想を実現することはできない。そこで提示されるのが**正義の第二原理**である。第二原理は、特定の条件を満たす場合、社会的・経済的不平等を認める原理である。その条件の一つは、**公正**

な**機会均等原理**である。恵まれた職務や地位につくための機会は全員に対し、公正に開かれているものでなければならない。もう一つの条件は、自由な活動の結果として生じる不平等が、結果的に、もっとも不遇で貧しい人々の生活を向上させ、利益をもたらすものでなければならない、というものである。これは**格差原理**とよばれる。この機会均等原理と格差原理が満たされるとき、はじめて自由の結果としての不平等は認められるとロールズは考えるのである。この二つの正義の原理のうち、第一原理（基本的な自由の平等）は、第二原理（社会的・経済的不平等）に優先する。また不平等については、公正な機会均等の原理が、格差原理に優先して適用されるべきものとされる。

原初状態における無知のヴェール状態は、正義原理の採択後、少しずつ取り去られていく。正義原理を採択した後の、実定的憲法の制定、法律の制定と、制度の設計が具体化していくに応じて、ヴェールは少しずつ開かれ、個別の情報を明らかにすることで、人々の属性に応じた法制度の具体的な設計が進められていくことになる。こうして正義の原理が、法秩序全体の形成を指導していくことが期待されるのである。

規範的正義論の問題　ロールズによる正義論は、現代の立憲主義的な価値観と法秩序を支え、リベラルな福祉主義的な法制度を理論的に正当化するものとして、また功利主義的な正義論を克服するものとして、世界的に広く歓迎された。ロールズの議論は、一定の実質的正義の立場を規範的に正当化する規範的正義論の一つである。この正義原理にしたがえば、本章で挙げた三つの税制という実質的正義の問題について言えば、立憲主義的な法秩序を前提に、平等な社会を実現するためとして、累進税率による所得税を正当なものとして選択することになるだろう。

しかしこのように導かれる実質的正義論が、他の実質的正義論に対して、優位な立場にあるといえるかについては疑問もある。ロールズと同じように、国家なき原初状態を前提とする正義論であっても、リバタリアニズムといわれる、極度に財産権を重視する自由主義的な立場もあれば、徹底した平等を求める正義論まで、様々な立場が規範的正義論の内部では対立しているのが実情である。また結論として立憲主義を支持する立場であっても、必ず原初状態から導かれる規範的正義論を採用しなければならないわけでもない。原初状態も正義の二原理も認めない、共同体主義（コミュニタリアニズム）であっても、立憲主義的な制度を、歴史的に正当性のある一つの実質的正義として支持することは可能である。

また正義の二原理は、無知のヴェールによる原初状態という、すべての人が合意する空間から導かれるとされるが、これは結論先取りの論理であるとも批判される。無知のヴェールに置かれる原初状態を思考の出発点として受け入れることは、人間は人種や能力、性、信仰、環境などで不平等があってはならず、平等な存在であるべきだという、リベラルな実質的正義の承認がもともと前提となっているからである。しかし人間とは、歴史的文脈の中に置かれた宿命や負荷を背負った共同体的存在であるという理解に立つならば、正義の二原理を正当なものとして引き出すことは当然できないし、世界は神が創造し、人間はその神の教えに沿って社会を形成するべきものといった宗教的な原理主義の前では、正義の二原理が承認される余地はなく、正義の二原理は数ある実質的正義やイデオロギーの一つにすぎないものとなる。そこには人間とは何か、世界とはどのようなものか、という世界観の対立が存在するだけだからである。

このように考えていくと、ロールズの正義論には多くの賛同者がいるとはいえ、数ある実質的正義論の一つであり、究極の基準となり得るとは言い難い。究極の実質的正義の根拠を客観的に示すことはできないという、価値相対主義の主張はなお存在し続けている。

3.　法的安定性

（1）国家観としての実質的正義

平等の具体的な形は様々であり、一定の形式的基準に沿うものである限り、いずれも正義とよばれる必要条件は満たしている。しかし国家は、最終的に、複数存在する、いずれかの実質的正義を、法律的な制度として採用し、決定する必要がある。ではどのような実質的な正義をめざすべきなのだろうか。

税制の例で考えれば、どのような国家観を選ぶべきかという目的が、立法者による選択の対象になるが、そこでは経済的な効率性の有無も判断に影響を与える。たとえば税務当局が、低所得者から期待できるわずかな額の税を、時間や手間をかけて徴収するよりも、思い切って免税し、逆に高所得者には税率を上げ、一気に徴収する方が効率性は高まる。あるいは逆に高額納税者は、政府にとっては大口顧客といえるから、割引して税率を下げればよい、そうすれば高額所得者は正直に所得を申告するようになり、申告漏れ調査や脱税捜査の手間もかからなくなるから、徴税コストも減り、効率性は高まる、といった議論もあり得る。こうした効率性にかかわる議論は、功利主義的正義論を素直に適用できる部分であろう。しかしどんなに効率的であろうと、平等を犠牲にするべきではないとか、ロールズ的な正義の原理を尊重するべきといった意見もありうる。どの正義を法の最終的目的として優先させるかについては、立法者たちによる政治の場で決定せざるを得ない。そこでは功利主義的正義論であろうと、正義の二原理であろうと、特権性を認められるものは何もないのである。

法の理念としての法的安定性　どのような目的を正義として採用するべきか、明確には分からないとしても、法は社会の秩序を形成し、維持する任務をもつ以上、一つの客観的な制度を定めなければならない。どの目的が適切かはっきりしないから、という理由で議論を延々と続けることはできない。そこで求められるのは「何が正しいかは分からないとしても、何が正しいかを決定しなければならない」（ラートブルフ）という立法の使命である。究極的な正しさを認識することはできないが、複数存在する実質的正義を、実定法上の制度として採用することで、合法と違法の基準を決めなければならない。

このように、何が合法であるかを決定し、論争を終わらせ、社会を安定させること、このこともじつは、法の理念からの重要な要請といえる。法の理念である正義とは、平等だけではなく、安定した秩序や平和も求めるのである。ラートブルフはこの要請を、**法的安定性**の理念とよび、これを平等や合目的性と並ぶ、正義の第三の理念とした。正義は個々人の考える主観的な願望ではなく、社会全体で通用し、共有される客観的な基準となることで真の存在価値をもつ。法は、その内容がどのようなものであれ、客観的な基準とされることによって、安定や平和という別の正義を実現するのである。現在の税制に不服をもつ者でも、とりあえずは税法の規定にしたがい、納税しておけばそれで合法であり、国から咎められることはない。また、何が合法で違法であるかが客観的に定まることによって、私たちの行動の自由の範囲は明確になる。またこの限りで法律の下での平等も達成される[1]。過酷な内容の法が支配する国であっても、政治から独立した、法律による行政や裁判がおこなわれている限り、国民は最小限度の自由や平等を享受することが可能になる。法的安定性という理念はこうした意味での正義を実現するのである。

（2）正義の多面性

問題は、この秩序の理念が、場合によっては平等や実質的正義、効率など、正義のもつ他の側面と矛盾し、衝突する場合もあるということである。たとえば、民法上の取得時効の制度は、無権利者の利益を、真の権利者の利益よりも優先する制度であり、不正かつ不道徳な制度だと言われることもある。たしかにこの場合、法の認める権利は、真の権利者を保護すべきとする道徳上の要請とは一致しない。しかし何世代も前に取得された土地を子孫が占有している状態で、真の権利の相続者と称する者がある日突然、その土地の返還を求めるような場合の理不尽を想像すれば、時効制度には一定の正当性があることが理解できるだろう。その土地が正当に取得されたことを立証しようにも、長い時間が経過しておれば、その取引を証明することはきわめて困難である。返還請求が仮に根拠のあるものだとしても、なぜ違法な占有も何世代も放置し、皆が忘れた頃に、不意打ち的に主張をするのか、という疑問も出てくる。このような権利行使のあり方には「権利の上に眠る者」を保護する必要はあるのかという形で、道徳的な非難の対象ともなり得る。

平和な現状を否認する正義はより大きな不正義をもたらす

それ以上に、仮に返還請求が認められるとすれば、それによって生じる社会の混乱は非常に大きなものとなる。その土地が長い期間の間に、第三者に転売され、その後分割して相続され、一部はさらに相続、一部は別の者に転売され……、といった状況を想像するだけで、権利関係は処理しがたい複雑なものとなっており、もし返還請求が認められれば、無数の関係者が突然に権利を失い、大混乱の状況を作り出すことは確実である。

国際政治の世界では似たような話があることに気付く人もいるに違いない。第二次大戦後、ユダヤ人は、パレスチナ系住民を追い出し、その地にイスラエルという新国家を建国したが、その行為は、彼らの祖先

（1）法的安定性とはこの点で、法による社会秩序の安定という意味と、法が安定的に存在することで、平等の基準や自由を保障するという二重の意味をもっている。

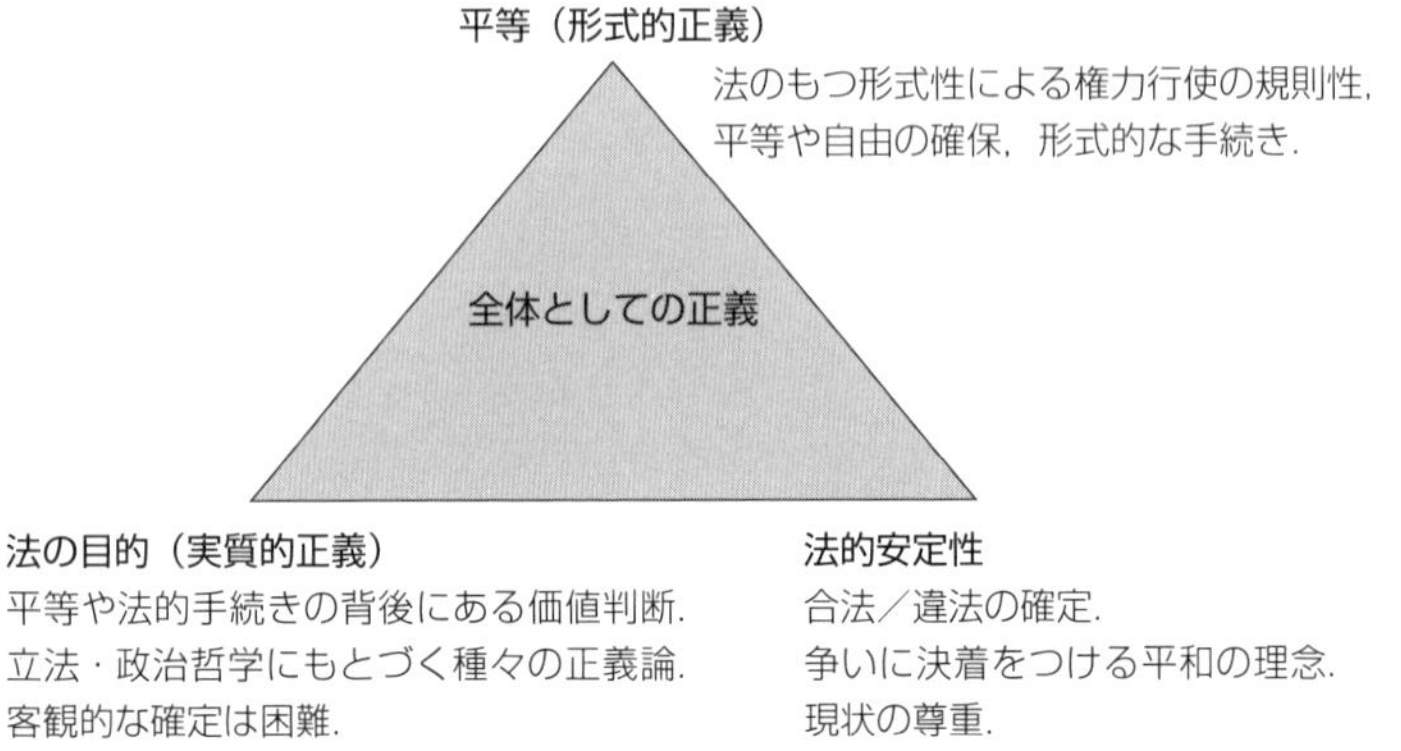
平等（形式的正義）
法のもつ形式性による権力行使の規則性，
平等や自由の確保，形式的な手続き．
全体としての正義
法の目的（実質的正義）
平等や法的手続きの背後にある価値判断．
立法・政治哲学にもとづく種々の正義論．
客観的な確定は困難．
法的安定性
合法／違法の確定．
争いに決着をつける平和の理念．
現状の尊重．

図８　正義の多面性

が二〇〇〇年ほど前に失った国を取り戻すという論理でおこなわれたものであった。しかし彼らが国を失い、二〇〇〇年の間に、どれほどの国家の興亡がその地であったろうか。現に他者が建国し、所有している土地に、二〇〇〇年前に所有していたという権利を主張するのは、現行の法秩序と平和を根底から覆すもので、それがパレスチナ問題という泥沼の国際問題の背景となっている。しかしこの問題が複雑なのは、一方的に土地を奪い、建国されたイスラエル国家もすでに建国後七〇年以上経過し、時効の利益や現状維持の価値を主張できる状況になりつつあると言う点である。追放されたパレスチナ人の子孫が、現在のイスラエル人に対し、無条件でその土地からの退去を要求するのも、今では既存の権利や秩序の理念に反したものになってしまう。

　これは国際政治上の問題で、国内実定法の厳密な規定が直接に適用される問題ではないが、法的安定性という法の理念も一つの重要な正義であり、これを無視すれば、権利をめぐる正義と正義の対立は解決不可能なまでに泥沼化し、複雑なものになることは、この例からよく分かる。様々な不正や問題が存在するとしても、そこに一定の安定した秩序と平和があれば、人々はそれを前提に生活を営み、新たな法的関係を形成していく。その前提を根底から覆すことは、現に生活している人々の権利や秩序を破壊することになる。

このように、平等や安定、効率性といった複数の正義は、それぞれの局面で対立するが、互いに譲歩し、バランスを取ることによって、全体としての一つの正義に近づいていくのだと言える。

正義のもたらす不正義

以上、税制やパレスチナ問題など、具体的な事例を挙げながら正義の形を説明した。正義は法にとって不可欠の生命といえるが、それぞれの局面で要請される正義の内容は、多様であり、相互に正反対の方向性すらもっている。国際政治だけでなく、立法をめぐる政治上の対立、また実定法の解釈をめぐっておこなわれる正義をめぐる議論は、結局のところ、それぞれの立場が主張する正義と正義の対立である。だからこそ、何か一つの原理だけを特権的な正義とし、これに強制力を結合させ、それが抑制なしに追求されるならば、著しい不正がもたらされることになる。法の理念は全体として、ある特定の正義の、一方的で無制限な主張を抑制するという機能をもつことで、より大きな不正の出現を防いでいる。二〇世紀の人類史が経験した悲惨な出来事は、複数の正義の間で、相互の抑制が失われ、偏った一方的な正義がもたらしたものだと断言できる。

正義への失望と希望

正義とは権力者や富裕層が、自己の利益を守り、その力を正当化する方便にすぎないと言われることがある。これは正義がルールと密接に結びつき、既存の権力者や富をもつ者が、ルールによって強力に守られている状況への批判といえよう。また逆に、正義とは無能な大衆が優れた少数者を抑えつけるための道具だと主張されることもある。これは正義が平等と強い関係をもち、平等が有能な者の自由を抑えつける側面を指摘したものといえる。あるいは正義は何らかの絶対的価値を主張し、その価値にそぐわない人々を抑圧し、場合によっては大量に虐殺するものとして批判されてきた。これも正義が、形式やルールの目的を与える実質的正義といわれる価値やイデオロギーと結びついている点に由来している。

これらの主張は、いずれも一理あるもので、ある種の真実を衝いている。しかしこうした主張で正義を全般的に否認することは、正義のもつ複雑な構造を理解せず、ある一面だけに注目した、皮相な理解と言えるだろう。特定の正義を絶対的に正しいものとして主張し、他者の思想や立場を否認する態度は非常に危険であるが、だからといって正義の理念が不要ということにもならない。ただ、正義に関わる判断は、限られた人間の視野や知識では、暫定的で、その判断はつねに誤る可能性がある。だから正義と法は、相互に制約しながら、互いに必要とする関係にある。法は実質的正義のダイレクトな実現を制約する場合もあるが、そのことで正義が実現されず、この世に正義は存在しないと安易に絶望することも問題なのである。ルールや法を定立し、またそれらを解釈するときには、こうした互いに相反する正義の要請があることをつねに意識し、一方に偏することのないそのバランスの取れた態度を取ることが重要であるが、これがリーガルマインドとも法の精神とも言われるものなのである。

参考文献案内

本書は、筆者単独の執筆であるため、筆者の専門としない分野も広く説明しなければならず、基礎的知識を要領よく、網羅的に説明する点はかなり犠牲とされてしまった。この点は以下の文献を参考に、各自で補充していただき、バランスの取れた栄養摂取に努めていただければ幸いである。また本書の説明をより掘り下げたものや、是非学生の方にも読んでいただければという推薦図書的な、やや古いものも掲げてある。それぞれの興味関心、学修の進行度合いに沿って、適宜、手に取ってみてほしい。

(1) 序章部分および全般にわたるもの

法学の入門書は権威ある学者による古典的名著といえる難解なものから、授業補助の水準にとどめた易しいもの、資格試験を念頭に置き、受験に必要な知識を要領よくまとめたものまで、質も量も様々である。

単著によるもの

単著によるものは著者の法学全般に対する思考が一貫している。その分、著書の個性や法学への世界観が色濃く反映されるが、いったんはそうした世界に浸りきってみることは、その後の学習においても悪くはない。様々な学説を表面的に理解するよりも、定評のある一つの学説や主張を徹底的に学ぶ方が、後々の学習にとっては有効である場合が多い。

ただ、大家によるものや古典的名著は「入門」と銘打ちながらも、著者の学者人生の集大成的な性格のものもあり、初学者がいきなり取り組んでも跳ね返されてしまう危険もある。いきなりすべてを理解しようとするのではなく、学習を進めながら、折に触れ読み返し、味わう、という姿勢で読み進んでいくのもよい。

- 我妻栄『法学概論』、有斐閣、一九七四年
- 三日月章『法学入門』弘文堂、一九八二年
- ラートブルフ『法学入門』東京大学出版会、一九六一年
- 団藤重光『法学の基礎』有斐閣、二〇〇七年
- 星野英一『法学入門』有斐閣、二〇一六年
- 五十嵐清『法学入門（第四版）』有斐閣、二〇一七年
- 田中成明『法学入門』有斐閣、二〇一六年

共著によるもの

共著によるものは、それぞれの専門家が入門者のレベルに合わせ、分かりやすくなるような工夫をしているものも多い。類書は膨大にあるので、ここに掲げたものに限らず、自分に合うものを探してみることも重要である。

- 南野森編『ブリッジブック法学入門（第二版）』信山社、二〇一三年
- 霞信彦編『法学概論』慶応義塾大学出版会、二〇一五年
- 竹下賢・角田猛之・沼口智則・竹村和也編『入門法学（第五版）』晃洋書房、二〇一八年
- 永井和之・森光編『法学入門（第三版）』中央経済社、二〇二〇年

全般にかかわるものとして最後に、法律学の用語辞典を挙げておく。条文や教科書を読み進めていけば、知らない専門用語にぶつかるのは当然で、その都度確認していくのが、結局は効率のよい勉強方法である。

- 『法律用語辞典（第五版）』有斐閣、二〇二〇年
- 『デイリー法学用語辞典（第二版）』三省堂、二〇二〇年

(2)　第Ⅰ部　法令の分類と用語にかかわるもの

法令の解釈技術、解釈方法については、どの法学入門の教科書でも一章を割いている領域なので、この部分については法学入門の教科書も参照していただきたい。

- 山下純司・島田聡一郎・宍戸常寿『法解釈入門「法的」に考えるための第一歩』有斐閣、二〇一八年
- 我妻栄『民法案内1　私法の道しるべ（第二版）』勁草書房、二〇一三年

　戦前戦後にまたがる日本民法学の泰斗による入門書。勉強の仕方から法解釈まで入門者向けだが、高水準の内容の話が、講義調で分かりやすく書かれている。2以降も民法の学習時には是非読まれることをお勧めしたい。

本文でも述べたように、わが国では国会に提出される法案の多くが、各省庁の担当部門によって作成された内閣提出法案であり、わが国の実質的な立法者は行政官僚であると言っても過言ではないのが現状である。この、官僚たちが起草した法案を、国会での審議に耐え得るように、法令上の用語や法体系上の論理を整える総元締めとなるのが内閣法制局である。法治行政の実務を担う内閣法制局長官経験者による法令用語の解説は、法学以前の、法令とその実務を知る上でも重要であり、そうした視点から、立法実務にかかわる著作も掲げておく。公務員を志望する人にとっては有用である。

・阪田雅裕『政府の憲法解釈』有斐閣、二〇一三年
元内閣法制局長官によるもの。著者は二〇一五年の安保法制導入時になされた政府の憲法解釈変更を批判した立場から、国会答弁を中心に、従来の政府による憲法解釈の全体像を示している。

・林修三『法令作成の常識』日本評論社、一九六四年
『法令用語の常識』日本評論社、一九七五年
『法令解釈の常識』日本評論社、一九七五年
こちらも元内閣法制局長官によるもので、長く読み継がれてきた法令入門書の名著。行政法学の教科書ではあまり扱われない、立法実務や解釈に携わる公務員の基礎力、即戦力的な知識を与えてくれる。

・田島信威『法令入門――法令の体系とその仕組み』法学書院、二〇〇八年

・中野次雄編『判例とその読み方』有斐閣、二〇〇九年
司法実務を担う裁判官による判例学習のみちびきとなる代表的な良書。これも長期にわたり支持され、版を重ねてきた名著である。

(3) 第Ⅱ部 市民法の概要、形成の論理にかかわるもの

市民法を構成する実定法学の入門書や、一般向け教養書を中心に掲げる。各実定法学の教科書は割愛している。

・穂積陳重『法窓夜話』岩波書店、一九八〇年
近代日本法草創期における法令用語の和訳に関わる苦心、江戸期の法、古代ローマ法やハムラビ法

典、中国法など、古今東西の法にかかわる習俗や小話を集めたエッセイ集。著者は民法の起草者として、わが国の市民法秩序の設計を担った存在。実定法学のみならず、法哲学や法社会学、法人類学など、該博な知識と教養に裏付けられた名著である。

- 我妻栄『民法案内』1～13巻、勁草書房、二〇一三―二〇一四年
  この本は昭和三五年に一粒社より、講義スタイル調での入門書として出版された。その分かりやさとていねいさで数多くの読者を民法の世界に誘った名著である。民法の内容は当時と比較すると大幅に改正されているが、著書没後、版元は勁草書房に変わり、大幅な改正ごとに弟子の手で補訂が加えられ、今日でも多くの学生に愛読されている。
- 道垣内弘人『リーガルベイシス民法入門 第三版』日本経済新聞出版、二〇一九年
  非常に大部の入門書だが、温かみのある文章と具体性で、法律を専門としない人にも適している。前身の『ゼミナール民法入門』に、親族・相続法を加え、民法全体を一冊で見通せる好著となった。
- 五十嵐清『私法入門』有斐閣、二〇〇七年
- 大村敦史『リサとなかまたち、民法に挑む』太郎次郎社エディタス、二〇一五年
  日本を代表する民法学者が子供向けに民法を解説したもの。難解な民法用語や理論の背後で、ルールを必要とする論理を分かりやすく説明する。
- 水町勇一郎『労働法入門』岩波書店、二〇一九年
  働き方改革、ブラック企業など、最近の労働環境をめぐる話題を豊富に織り込む。法の概念、市民法思想から社会法や労働法に至る考え方を解説してくれる。
- 山口厚『刑法入門』岩波書店、二〇〇八年

・小嶋和司『憲法学講話』有斐閣、一九八二年
制定法としての「憲法典」と「実質的憲法」との区分を強調する。通常の法律とは異なる「憲法」概念の特殊性を理解することが、憲法理解の上で不可欠であることを教えてくれる。
・工藤達朗『憲法の勉強』尚学社、一九九九年
・長谷部恭男『憲法講話――二四の入門講義』有斐閣、二〇二〇年
・中野貞一郎『民事裁判入門（第三版補訂版）』有斐閣、二〇一二年
・椎橋隆幸編『ブリッジブック刑事裁判法』信山社、二〇〇七年

(4) 第Ⅲ部　法の概念、目的、正義にかかわるもの

教養としての法学という観点から、本書は法の概念や法と道徳、法と正義の関係についてかなり紙幅を割いた。今日、正義を語る上で、ロールズの議論を無視することはできないが、実定法学の観点からは、そうした成果をどこまで具体的な形で取り込めるかが課題である。以下に掲げる書物の前三者は、法学者によるもの。憲法学者である長谷部『法とは何か』は、ロールズ以降の正義論を実定法学の基礎として取り込む一つの試みである。またロールズの正義論を理解する上でも、功利主義への理解は重要であるとの観点から功利主義の入門書も挙げた。
・ラートブルフ『法哲学』東京大学出版会、一九六一年
価値相対主義の立場から、法の理念としての正義を多面的な視点から説く。近年の政治哲学優位の正義論ではなく、法学を基盤とする抑制された正義論の可能性を示す。
・長尾龍一『法哲学入門』講談社、二〇〇七年

法とは何か、という問題について日常の話題から始まり、過去の思想家や哲学者の思考へと読者を誘う名著。幅広い視点と教養、味のある文体にファンも多い。

- 長谷部恭男『法とは何か』河出書房、二〇一五年

現代日本を代表する憲法学者である著者が、法とは何か、国家はなぜ必要か、という観点から、法にかかわる思想を説き起こし、解説する。

- マイケル・サンデル『これからの正義の話をしよう』早川書房、二〇一一年

日本でも一世を風靡したハーバード大学教授による正義論入門書。功利主義、カント、ロールズ、ノージックのリバタリアニズムなど、具体例を交えながら、現代の正義論争を示し、読者を魅了する。

- 仲正昌樹『いまこそロールズに学べ』春秋社、二〇二〇年

ロールズ正義論登場の思想的・社会的背景から、その内容、さらに『正義論』への批判とその後の理論的変容を要領よく、また著者の息吹を交えた飽きさせない文章でロールズ『正義論』の世界へ読者を誘う。

- 児玉聡『功利主義入門』筑摩書房、二〇一六年

功利主義倫理学は立法の原理として、法学への影響も大きい。正義を効用の観点から把握する功利主義の様々な試みを、軽快な筆致とバランスの取れた視点から解説する。ロールズ正義論を理解する上でも功利主義の知識は重要である。

索　　引

〈サ　行〉

〈タ　行〉

〈マ　行〉

〈ヤ　行〉

〈ラ・ワ行〉

《著者紹介》
木 原　　淳（きはら　じゅん）
関西大学法学部教授
1969年　愛知県生まれ
中央大学法学部卒業，東北大学大学院法学研究科博士後期課程修了，
博士（法学）

主要業績
『境界と自由』（成文堂，2012年）

入門 法学読本

2021年４月10日　初版第１刷発行　　＊定価はカバーに
2024年９月25日　初版第２刷発行　　表示してあります

著　者　木　原　　淳©
発行者　萩　原　淳　平
印刷者　田　中　雅　博

発行所　株式会社　晃　洋　書　房
〒615-0026　京都市右京区西院北矢掛町７番地
電話　075(312)0788番㈹
振替口座　01040-6-32280

装幀　尾崎閑也　　印刷・製本　創栄図書印刷㈱

ISBN978-4-7710-3487-7